Taschenschmöker aus Vergangenheit und Gegenwart

Sonderausgabe

Taschenschmöker aus Vergangenheit und Gegenwart

– Sonderausgabe –

Neu und wieder aufgelegt

Berlin 2021

Pierre-Jean / Jean Morénas

Zwei Erzählungen von

Jules & Michel Verne

Edition Dornbrunnen

Taschenschmöker aus Vergangenheit und Gegenwart

Übersetzung aus dem Französischen
von Gerd Frank *(Pierre-Jean)* und
Anne Ehrhardt *(La Destinée de Jean Morénas)*
Korrekturen und Lektorat: Meiko Richert und Dirk Seliger

Die Abbildungen wurden freundlicherweise von Bernhard Krauth zur Verfügung gestellt

Die Deutsche Nationalbibliothek verzeichnet diese Publikation in der Deutschen
Nationalbibliografie; detaillierte bibliografische Daten sind im Internet über
http://dnb.d-nb.de
abrufbar.

1. Auflage 2021

ISBN 978-3-943275-58-2

Sven-R. Schulz, Dornbrunner Straße 16, 12437 Berlin
www.edition-dornbrunnen.de
Titelgestaltung: Sven-R. Schulz unter Verwendung einer Originalillustration
von Léon Benett

Druck und Vertrieb: Books on Demand GmbH, Norderstedt
PNTS–S2

Inhalt

Vorbemerkung

Mit dem vorliegenden Buch erscheint nun die zweite Sonderausgabe der *Dornbrunnen Taschenschmöker.* Diese basiert auf einer Sonderausgabe für den Jules-Verne-Club, die 2018 erschien und an alle Clubmitglieder abgegeben wurde. Die Club-Ausgabe enthielt, neben den beiden hier abgedruckten Erzählungen *Pierre-Jean* und *Das Schicksal des Jean Morénas* auch noch die deutschsprachige Erstausgabe der Erzählung *San Carlos*, die in der vorliegenden Ausgabe nicht enthalten sein wird, aber in der Hauptreihe der *Dornbrunnen Taschenschmöker* bereits vorliegt. Zwar ist dort im Band *Der Humbug* bereits auch die Erzählung um Jean Morénas enthalten, aber nicht die um Pierre-Jean. Letztere erschien 2019 als erster Band der Buchreihe der *Kleinen Dornbrunnen Bibliothek.*

Da beide Erzählungen aber eng zusammenhängen, ist es für viele Verne-Leser durchaus wünschenswert, sie zusammen in einem Buch vorliegen zu haben, denn die Geschichte um Pierre-Jean stellt die von Jules Verne geschriebene, aber zu Lebzeiten nie publizierte Erstfassung eines Textes dar, den sein Sohn Michel viele Jahre später in erweiterter und teilweise veränderter Form als aus dem Nachlass seines Vaters stammend veröffentlichte. Diesem Wunsch kommt der Verlag nun nach und legt beide Erzählungen in einem Sammelband auf.

Wie schon beim ersten Sonderband dieser Art, der Verne-Erzählung *Eine Überwinterung im Eis*, wird auch die vorliegende Publikation optisch so erscheinen, dass man sie problemlos in der Hauptreihe einordnen und den anderen Verne-Ausgaben zuordnen kann.

Der Herausgeber

Pierre-Jean

Aus dem Französischen von Gerd Frank

Kapitel 1

Schon seit einigen Monaten hatte die Alarmkanone den Hafen von Toulon nicht mehr in Angst versetzt. Die strengstens überwachten Sträflinge scheiterten bereits bei den ersten Ausbruchsversuchen, und selbst die Kühnsten unter ihnen wichen vor unüberwindbaren Hindernissen zurück.

Es war nicht so, dass die ausgeprägte Freiheitsliebe in den Herzen der Strafgefangenen erloschen gewesen wäre, doch eine unbeschreibliche Verzagtheit schien ihre Ketten nur noch schwerer gemacht zu haben. Außerdem hatte man einige Wachen, von deren Nachlässigkeit oder Untreue man überzeugt war, aus dem Bagno[1] entlassen und die neuen Wachen, die bei ihrer Aufsicht und ihren Untersuchungen viel strenger vorgingen, zeichneten sich durch eine Art »Ehrbegriff« aus.

Der Bagno-Kommissar beglückwünschte sich sehr zu diesem Ergebnis, ohne sich in nachlässiger Sicherheit zu wiegen, denn Gefängnisausbrüche sind in Toulon häufiger und einfacher möglich als in jedem anderen Hafen. Man musste daher befürchten, dass sich hinter der vorgetäuschten Ruhe irgendeine geheime Absicht verbarg.

Dies ist ein Charakterzug, der für die Vertreter des Strafvollzugs typisch ist, beim Fehlen eines Verbrechens stets an seine Möglichkeit zu denken. Wenn sie niemanden verfolgen, müssen sie wachsam sein, und falls die Tatsachen keine strafrechtliche Verfolgung rechtfertigen, glauben sie dazu verpflichtet zu sein, selbst im Schweigen kriminelle Absichten zu vermuten.

---

[1] In Frankreich und Italien das Gefängnis für zum Galeerendienst verurteilte Strafgefangene. Nach der Aufhebung der Galeerenstrafe blieb der Begriff erhalten und wurde nun auf das Gefängnis für die zum Hafenbau verurteilten Verbrecher übertragen. In Frankreich waren dies vor allem die Orte Toulon, Brest und Cherbourg.

Im Monat September hielt vor der Residenz des Vizeadmirals eine prunkvolle Equipage[1]; ihr entstieg ein Mann von fünfunddreißig Jahren. Dies war Herr Bernardon, ein reicher Geschäftsmann, der seit Kurzem in Marseille wohnte.

Das Gesicht dieses Mannes war ernst; er wirkte älter als in seiner Geburtsurkunde angegeben. Die Leidenszeit früherer Jahre zeigte sich noch immer auf seiner vorzeitig gefurchten Stirn. Sein Mut hatte einst das Schicksal besiegt, sein Geist verachtete die Vorurteile der Welt. Egal ob Groß oder Klein, er reichte jedem mit gleicher Offenheit die Hand, falls diese Hände nur ehrlich genug waren.

Herr Bernardon hatte sich sein Vermögen allein geschaffen; von unten war er nach oben gekommen; von hohem Ansehen in Marseille, brachten ihn seine Beziehungen oft mit bedeutenden Persönlichkeiten in Kontakt. Dennoch hatten die Kämpfe gegen das Unglück seiner Jugend ein kühles Misstrauen gegen die Menschen in ihm hinterlassen.

Er suchte die Einsamkeit, in der seine Familie und er sich gern abseits hielten, sodass seine Geschäftsbeziehungen niemals zu weltweiten Kontakten führten. Seine Abreise war ohne Aufsehen und in aller Ruhe erfolgt; eine einfache Familienangelegenheit vorschützend, war er nach Toulon gekommen.

Ein dringlicher Brief hatte ihn bald darauf zum Vizeadmiral geführt. Dieser empfing ihn zuvorkommend und bat ihn, den Grund für seinen Besuch zu nennen.

»Mein Herr«, antwortete der Marseiller, »es ist eine ganz einfache Bitte, die ich an Sie habe.«

»Welche denn, mein Herr?«

»Ich möchte das Bagno von Toulon bis ins kleinste Detail besichtigen.«

»Mein Herr«, erwiderte der Vizeadmiral, »die Empfehlung des Präfekten war überflüssig; ein Mann Ihres Ansehens benötigt hierfür nur den Ausweis der Höflichkeit.«

Indem er dem Vizeadmiral für dessen Liebenswürdigkeit

---

[1] Private Kutsche, nebst Pferden und der dazugehörigen Bespannung und Bedienung.

dankte, verbeugte sich Herr Bernardon und fragte nach den notwendigen Formalitäten.

»Nichts ist einfacher als das, mein Herr! Bitte suchen Sie den Generalmajor der Marine auf, der wird Ihnen Ihre Wünsche erfüllen.«

Herr Bernardon verabschiedete sich, ließ sich zum Major bringen und erhielt sofort die Erlaubnis, das Arsenal zu betreten. Sofort wollte er seinen Besuch nutzen; eine Ordonnanz begleitete ihn zum Bagno-Kommissar, der sich ihm freundlich zur Verfügung stellte. Der Marseiller bedankte sich bei ihm, äußerte aber den Wunsch, allein zu bleiben.

»Ganz wie es Ihnen beliebt, mein Herr«, antwortete der Kommissar.

»Könnte ich mit den Verurteilten sprechen?«

»Natürlich, mein Herr, die Adjutanten sind benachrichtigt worden. Es sind zweifellos menschenfreundliche Absichten, die Sie hierhergeführt haben?«

»Ja, mein Herr«, antwortete Herr Bernardon ohne zu zögern.

»Wir sind an solche Besuche gewöhnt«, entgegnete der Kommissar. »Die Regierung hat zu Recht nach Verbesserungsmöglichkeiten für den Betrieb der Bagnos gesucht. Sie können mir glauben, dass sich die aktuelle Lage der Verurteilten bereits erheblich von der früheren unterscheidet.«

Der Marseiller verbeugte sich.

»Unter solchen Umständen ist es sehr schwer, an harter Bestrafung festzuhalten, und wenn wir die Strenge des Gesetzes nicht zunichtemachen wollen, müssen wir vor diesen übermäßigen Menschenfreunden sogar warnen, die das Verbrechen angesichts der Strafen vergessen! Außerdem wissen wir, dass die neutrale Justiz zur Mäßigung neigt.«

»Solche Gefühle ehren Sie«, erwiderte Herr Bernardon, »und falls meine Ansichten Sie interessieren, mein Herr, so wird es mir ein Vergnügen bereiten, mich mit Ihnen zu unterhalten.«

Daraufhin trennten sich die beiden Männer und der Marseiller näherte sich dem Bagno.

Der Militärhafen von Toulon besteht hauptsächlich aus zwei riesigen Polygonen, welche am Kai ihre nördliche Seite abstützen; einer davon heißt »Neues Dock« und liegt westlich des zweiten, der »Altes Dock« genannt wird. Die Seiten der Anlagen, regelrechte Verlängerungen der Stadtbefestigungen, sind bollwerkartig angelegt und breit genug, um langgestreckte Gebäude wie Maschinenhallen, Kasernen und besondere Magazine der Marine zu tragen.

Jedes dieser beiden Docks verfügt im südlichen Teil über eine Öffnung, welche genügt, um größeren Kriegsschiffen die Durchfahrt zu ermöglichen. Diese schönen Anlagen könnten leicht auch »schwimmende Becken« bilden, wenn der konstante Pegel des Mittelmeeres, der unter keinen nennenswerten Gezeiten leidet, ihre Absperrung nicht überflüssig machen würde.

Das »Neue Dock« wird im Westen von den Magazinen und dem Artilleriepark begrenzt und im Süden, auf der rechten Seite des Eingangs, der zu der kleinen Hafenbucht führt, von den Bagnos.

Es gibt zwei Gebäude, die rechtwinkelig miteinander verbunden sind; das erste liegt vor der Halle mit den Dampfmaschinen und ist nach Süden zu offen; das zweite blickt auf das »Alte Dock« und wird durch die Kasernen und das Spital fortgesetzt. Neben den drei Sälen, welche sich in diesen Bauwerken befinden, gibt es drei schwimmende Bagnos. In diesen letzteren sind die auf begrenzte Zeit verurteilten Gefangenen untergebracht, während die lebenslänglichen Sträflinge in den Sälen eingeschlossen sind.

Wenn es irgendwo keine Gleichheit gibt, dann ist das im Bagno der Fall. Das Strafmaß sollte sich nämlich am Grad der geistigen Perversion orientieren und je nach Klasse und Rang unterschiedlich festgesetzt werden. Alle Gefangenen, ungeachtet ihres Alters und des gegen sie verhängten Urteils, sind hier jedoch auf schändliche Art und Weise zusammen untergebracht, und in einer solchen Ballung kann nichts weiter entstehen als eine hässliche Korruption: Die Infektion des Verbrechens verursacht unter diesen verderbten Massen gefährliche

Schäden, und die Mittel zur Abhilfe sind gleich Null, wenn das Böse einmal in Blut und Verstand Eingang gefunden hat.

Wie man sieht, wurden die Gefängnisse an das äußerste Ende des Arsenals verbannt und liegen so weit wie möglich von der Stadt entfernt.

Im Bagno von Toulon waren damals beinahe viertausend Sträflinge untergebracht. Die Direktionen des Hafens, des Schiffsbaues, der Artillerie, des Lagers, der Hydraulikkonstruktion sowie der Zivilgebäude beschäftigten dort dreitausend zur Hafenarbeit bestimmte Sträflinge.

Andere, die keinen Platz innerhalb der fünf großen Bereiche finden konnten, dienten im Hafen bei der Be- und Entladung, beim Abtransport von Gebäudeteilen, bei der Reinigung und Schlammbeseitigung, beim Ausladen des zur Bemastung oder Konstruktion bestimmten Holzes usw. Wieder andere waren schließlich Pfleger oder Kranke, besondere Angestellte oder aber wegen Ausbruchsversuchen zur Doppelkette verurteilte Gefangene.

Die Uhr des Arsenals schlug halb 1 Uhr mittags, als Herr Bernardon sich zu den Docks begab. Der Hafen war menschenleer. Die Sträflinge, die bei Sonnenaufgang ihre Säle verlassen hatten, hatten bis halb 12 Uhr die verschiedensten Arbeiten verrichtet. Die Glocke rief sie nun wieder in ihre jeweiligen Gefängnisse zurück. Jeder von ihnen hatte ein neunhundertsiebzehn Gramm schweres Brot oder einen Schiffszwieback von dreihundert Gramm bekommen, des Weiteren achtundvierzig Zentiliter Wein.

Die lebenslänglichen Sträflinge waren wieder an ihre Bank gebunden worden; ihr Wächter hatte sie sofort wieder angekettet. Die auf begrenzte Zeit verurteilten Gefangenen konnten sich innerhalb des Saales in seiner ganzen Länge frei bewegen.

Sobald der Adjutant in seine Pfeife blies, kauerten sie sich um ihre Blechnäpfe, die stets nur eine aus getrockneten Bohnen zubereitete Suppe enthielten. Dies war ihre tägliche Mahlzeit, und doch hatten diese Unglücklichen ein Anrecht auf eine Ration Wein – aber nur an den lästigen Arbeitstagen.

Die Arbeiten wurden gegen 1 Uhr wieder aufgenommen und erst um 8 Uhr abends beendet. Dann brachte man die Gefangenen wieder in ihr Gefängnis, wo sie auf dem Zellenboden der schwimmenden Bagnos oder auf Feldbetten in den Sälen an Land schlafen sollten, ohne einen anderen Schutz gegen die Kälte oder die Härte ihres Lagers zu besitzen als einen groben Tuchfetzen aus grauer Wolle.

Kapitel 2

Die Sträflinge mussten erst in einer halben Stunde an die Arbeit zurückkehren. Herr Bernardon nutzte ihre Abwesenheit, um am Kai spazieren zu gehen, wobei er die Hafenanlagen studierte, die Schiffe mit ihren überdachten Laderäumen, die riesigen, in den Becken des Docks eingeschlossenen Gerüste und die unter dem Kran aufgetürmten schweren Gusseisenteile. Aber im Grunde widmete er diesen Wunderwerken der Industrie nur wenig Aufmerksamkeit. Zweifellos interessierten ihn bestimmte Einzelheiten im Leben der Sträflinge, denn er näherte sich einem Gruppenführer und fragte ihn:

»Mein Herr, wann müssen die Gefangenen zum Hafen zurückkehren?«

»Um 1 Uhr«, antwortete der Aufseher.

»Haben alle ausnahmslos die gleiche Arbeit zu verrichten?«

»Aber nein. Unter Leitung besonderer Vorarbeiter werden manche von ihnen in ganz bestimmten Bereichen eingesetzt: in der Schlosserwerkstatt, in der Seilerei oder der Gießerei, wo praktische Kenntnisse verlangt werden. Dort trifft man auf ausgezeichnete Arbeiter.«

»Was können sie verdienen?«

»Das kommt darauf an. Sie arbeiten ja tagsüber oder im Akkord. Die Tagesarbeit kann ihnen fünf bis zwanzig Centimes bringen, der Akkord je nach Geschicklichkeit und Schnelligkeit manchmal bis zu dreißig.«

»Kann dieser niedrige Betrag ihre Lage verbessern?«, fragte der Marseiller.

»Er genügt, um Tabak zu kaufen, denn ungeachtet des Verbotes duldet man, dass sie rauchen. Für ein paar Centimes bekommen sie manchmal auch einige Portionen Eintopf oder Gemüse.«

»Erhalten die lebenslänglichen Sträflinge den gleichen Verdienst wie die auf begrenzte Zeit verurteilten Gefangenen?«

»Der Lohn ist für alle der gleiche, doch letztere bekommen einen Zuschlag um ein Drittel, der für sie bis zur Abbüßung der Strafe aufbewahrt wird. Dann erhalten sie den Gesamtbetrag, damit sie bei ihrer Entlassung aus dem Bagno nicht vollkommen mittellos sind.«

»Ich weiß«, sagte Herr Bernardon und seufzte tief.

»Meiner Treu, mein Herr«, erwiderte der Gruppenführer, »sie sind ja nicht unglücklich. Und wenn sie durch ihre Fehler oder Ausbruchsversuche die Schwere ihrer Strafe nicht gerade verdoppeln, werden sie dem Bericht über ihr Wohlbefinden zufolge weniger zu klagen haben als die Arbeiterheere in den Städten.«

Dieser Mann, der an den Anblick des Schmerzes gewohnt war, nannte diesen Zustand »Wohlbefinden«!

»Die Strafverlängerung ist also nicht die einzige Maßnahme«, fragte der Marseiller mit leicht veränderter Stimme, »die man im Fall eines Ausbruchs ergreift?«

»Nein! Es gibt auch die Bastonade und die Doppelkette!«

»Die Bastonade?«, wiederholte Herr Bernardon.

»Sie besteht aus der Verabreichung von fünfzehn bis sechzig Schlägen auf den Rücken, mit einem geteerten Seil!«

»Und bei einem zur Doppelkette verurteilten Sträfling ist jede Flucht unmöglich?«

»Beinahe!«, erwiderte der Führer. »Die Gefangenen werden mit dem Fuß an ihre Bank gefesselt und kommen nie mehr heraus. Von dort zu fliehen, wäre schwierig!«

»Das heißt doch, dass sie am leichtesten während der Arbeit entwischen können.«

»Zweifellos! Den Paaren wird für ihre Arbeit eine gewisse Freiheit gewährt, und obwohl sie von einem Gefängniswärter streng bewacht werden, ist die Geschicklichkeit dieser Leute so groß, dass sie selbst die stärkste Kette in weniger als fünf Minuten durchschneiden können. Wenn der in den beweglichen Bolzen vernietete Keil zu hart ist, halten sie den Ring, der ihr

Bein umschließt, fest und zerbrechen das erste Glied ihrer Kette. Viele Verurteilte sind in den Schlosserwerkstätten beschäftigt, denn dort finden sie leicht alle benötigten Materialien. Oft genügt ihnen schon die Weißblechplakette, die ihre Nummer trägt. Falls es ihnen gelingt, sich eine Uhrenfeder zu beschaffen, dauert es nicht mehr lange, bis die Alarmkanone ertönt. Sie finden wirklich tausend Wege, und ein Verurteilter hat eines Tages zweiundzwanzig dieser Geheimnisse verkauft, um sich der Bastonade zu entziehen!«

»Aber wo können sie denn ihre Werkzeuge verstecken?«

»Überall und nirgendwo. Ein Sträfling hat sich unter der Achselhöhle Schnitte zugefügt und dann kleine Stahlfedern zwischen Fleisch und Haut geschoben. Neulich habe ich einem Sträfling einen Korb aus Stroh weggenommen, wobei in jedem Halm eine Barettfeile[1] oder eine fast unsichtbare Säge steckte. Nichts ist bei diesen Männern unmöglich, mein Herr, ob sie nun Petit, Collonge oder Graf von St. Helena heißen!«

In diesem Augenblick schlug es 1 Uhr; der Gruppenführer verabschiedete sich von Herrn Bernardon und kehrte auf seinen Posten zurück.

»Hoffnung und Gerechtigkeit!«, sagte sich der Geschäftsmann. »Aber wenn es misslingt! Großer Gott, die Bastonade! Und die Doppelkette!«

Die Sträflinge verließen nun unter der Aufsicht eines Gefängniswärters das Bagno, manche allein, die anderen zu zweit. Im Hafen hörte man den Lärm von Stimmen, das Echo der Fußfesseln und die Drohungen der *Argousins*[2].

Herr Bernardon war davon schmerzlich berührt, und um nicht zu viel Beflissenheit beim Besuch dieser Unglücklichen zum Ausdruck zu bringen, begab er sich zum Artilleriepark.

Dort fand er – wie an allen öffentlichen Plätzen – das Strafgesetz des Gefängnisses durch Aushang bekanntgegeben:

---

[1] Feine Dreikantfeile für Präzisionsarbeiten.

[2] Wärter im Rang eines Unteroffiziers.

»Mit dem Tode bestraft wird jeder Strafgefangene, der einen Bediensteten schlägt, der seinen Kameraden tötet, der revoltiert oder einen Aufstand anzettelt. Zu drei Jahren mit der Doppelkette bestraft wird der Fluchtversuch des lebenslänglich Verurteilten; zu drei Jahren Strafverlängerung der auf begrenzte Zeit Verurteilte, der das gleiche Verbrechen begangen hat, und zu einer durch Urteil festzulegenden Strafverlängerung jeder Häftling, der einen Betrag über fünf Francs stiehlt.

Zur Bastonade verurteilt wird jeder Gefangene, der seine Eisen durchfeilt oder durch ein anderes Mittel zu entfliehen versucht, bei dem eine Verkleidung gefunden wird oder der einen Betrag unter fünf Francs stiehlt, der sich betrinkt, an Glücksspielen beteiligt oder im Hafen und an öffentlichen Plätzen raucht, der seine Kleidung verkauft oder diese beschädigt, der ohne Erlaubnis schreibt, bei dem ein Betrag über zehn Francs gefunden wird, der seinen Kameraden schlägt oder den Gehorsam und die Arbeit verweigert.«

Der Mann aus Marseille verharrte in Nachdenklichkeit, nachdem er das gelesen hatte. Er wurde durch die Ankunft der Zwangsarbeiter aus seiner Niedergeschlagenheit gerissen. Der Hafen war in voller Betriebsamkeit; die Arbeit verteilte sich auf alle Bereiche. Hier und da ließen sich die weintrunkenen Stimmen der Vorarbeiter vernehmen:

»Zehn Paare für Saint-Mandrier!«

»Fünfzehn *Chaussettes*[1] an die Seilerei!«

»Zwanzig Paare an die Bemastung!«

»Sechs Rote als Verstärkung ins Becken!«

Die angeforderten Paare begaben sich – angetrieben von den Beleidigungen der Gruppenführer, mehr noch aber von ihren furchtbaren Stockhieben – an die bezeichneten Orte.

Der Marseiller betrachtete sie aufmerksam und versuchte

---

[1] Eigentlich Socken / Strümpfe. Hier im Sinne von sogenannten Festungssocken gebraucht: das sind entkoppelte Sträflinge, die bald entlassen werden und nur noch einen einfachen Ring, ohne Kette, an den Knöcheln tragen.

vor allem ihre Nummer zu erkennen. Einige schicken sich an, voll beladene Karren zu ziehen. Andere transportierten schwere Balken auf den Schultern, schichteten sie aufeinander, räumten Bauholz weg oder schleppten die Schiffe an Seilen zur Entladung, obwohl die Sonne mit sengender Hitze herniederbrannte.

Die Sträflinge waren ohne Unterschied mit einem Flügelhemd aus rotem *Moui*[1], einer Weste der gleichen Farbe und einer Hose aus grobem, grauem Stoff bekleidet; die lebenslänglichen Sträflinge trugen eine Kappe aus grüner Wolle und wurden zu den härtesten Arbeiten eingesetzt, außer jene, die besondere Fähigkeiten hatten.

Gefangene, die aufgrund ihrer lasterhaften Neigungen oder ihrer Ausbruchsversuche besonders verdächtig waren, trugen eine grüne, von einer breiten roten Borte umgebene Mütze. Eine vollständig rote Mütze kennzeichnete die auf begrenzte Zeit verurteilten Sträflinge, und diese letzteren betrachtete Herr Bernardon besonders aufmerksam. An der Mütze war ein Schild aus Weißblech befestigt, welches die Registrierungsnummer jedes Strafgefangenen trug.

Diejenigen, die zu zweit angekettet waren, trugen acht bis zweiundzwanzig Pfund schwere Eisen an den Füßen. Die Kette, welche vom Fuß des einen Sträflings bis zu seiner Hüfte reichte, wo sie befestigt war, fiel dann wieder herab, um auch an Hüfte und Fuß des anderen festgemacht zu werden. Spaßeshalber nannten sich diese Unglücklichen »die Ritter mit der Girlande«.

Die anderen, die Einzelgefangenen, trugen nichts weiter als einen Ring aus Eisen und eine neun bis zehn Pfund schwere Halbkette – oder aber sogar nur einen als *Chaussettes* bezeichneten Ring, der etwa zwei bis vier Pfund wog.

Bei einigen besonders gefürchteten Zwangsarbeitern steckten die Füße in einem *Martinet,* einem dreieckigen Metallbe-

[1] Es war leider nicht möglich, die von Verne genannte Stoffart zu ermitteln. Möglicherweise handelt es sich um eine Art Musselin.

schlag, der auf spezielle Art gehärtet und mit jedem seiner Endpunkte um das Bein genietet war; dies widerstand jeglichem Bemühen, ihn zu zerreißen.

Herr Bernardon, der sowohl die Sträflinge als auch die Gefängniswärter prüfend betrachtete, ließ seinen Blick über die verschiedenen Hafenarbeiten schweifen. Manchmal lag ihm eine Frage auf den Lippen, doch wagte er nicht, sie zu stellen. Offensichtlich versuchte er, einen dieser Unglücklichen zu erkennen; er war von einer heimlichen, fieberhaften Ungeduld erfasst worden.

Vor ihm zeichnete sich dieses herzzerreißende Bild ab, das von Recht und Gesetz umrahmt war und auf dem die Zerstörung menschlicher Leidenschaften in einem trüben Licht sichtbar wurde. Denn das Verhängnis hatte nichts als dunkle Farben auf der Palette des Verbrechens gemischt.

Aber der unruhige Besucher war nicht bei der Menge stehen geblieben. Inmitten des Gedränges suchte er jemanden, der ihn nicht erwartete, und das war die Nummer 2224. Diese Nummer war zugleich sein Name und sein Titel; nichts war ihm geblieben; er war mit der Welt nur noch durch ein paar entehrende Ziffern verbunden, die ihn als Angehörigen einer schändlichen Kaste auswiesen – ein trauriger Taufname, mit dem das Bagno seine Kinder ausstattet!

Trotz Herrn Bernardons Suche war die 2224 unauffindbar. Jetzt wandte sich der Geschäftsmann an einen Wächter und fragte ihn, ob sich diese Nummer noch im Gefängnis befinde oder aus irgendeinem Grund zurückgehalten wurde.

»Entschuldigen Sie«, antwortete dieser, »er dreht gerade die Winde an der Bemastung!«

»Was für ein Mann ist das?«

»Meiner Treu, ein friedlicher Mensch, obwohl er ein Rückfälliger ist.«

Dieser Ausdruck wies darauf hin, dass der Sträfling zum zweiten Mal im Bagno untergebracht war.

»Wenn Sie mit ihm sprechen wollen«, fuhr der Gruppenführer fort, »gehen Sie bis zur Mastwinde.«

Herr Bernardon begab sich schnell dorthin und erblickte die 2224, die gerade eine der Eisenstangen ansetzte. Der Marseiller ließ ihn nicht mehr aus den Augen, die eine tiefe Traurigkeit bald darauf mit Tränen füllte.

Kapitel 3

Die Nummer 2224 war ein kräftig gebauter Mann von dreißig Jahren. Sein Gesicht war aufrichtig und strahlte weit mehr Ehrlichkeit als kriminelles Wesen aus. Über der Stirn dieses Mannes lag der Schatten tiefer Resignation; aber es war kein Stumpfsinn in dieser Resignation, denn trotz der Mattigkeit in seinen Augen schienen diese manchmal lebhaft aufzublitzen. Diese innere Energie musste lenkbar sein; in den regelmäßigen Zügen dieses Unglücklichen las man keine Neigung zum Verbrechen, und eine günstige Erziehung musste ihn unweigerlich zum Guten zurückführen.

Er war an einen alten, hartgesottenen und brutalen Sträfling gekettet, der sich sehr von ihm unterschied. Unter der niedrigen Stirn des alten Gefangenen kreisten unentwegt schuldhafte Gedanken. Es ist ein beschämendes und abstoßendes Verhältnis, aus dem die gewaltige Gemeinschaft des Verbrechens entspringt. Woher kommt dieses verhängnisvolle Gesetz, das anständige Naturen dazu bringt, sich an das Böse zu verlieren? Weshalb ist das Böse der Wurm, der am Guten nagt?

Die beiden Sträflinge richteten soeben die unteren Masten eines frisch vom Stapel gelassenen Schiffes auf, und um ihre Kräfte zu messen, sangen sie das Lied von der Witwe. Die Witwe, das ist die Guillotine, die Henkerin all derer, die sie tötete!

»Oh, oh, oh, Jean-Pierre!
Zeit für die Frisur!
Es ist der Barbier!
Oh, oh, oh, Jean-Pierre!
Der Karren ist schon hier!

Ach, ach, ach!
Das Messer saust herab!«

Was für ein Leben! Was für Gedanken! Was für ein Horizont, der durch Bagno und Schafott begrenzt ist!

Herr Bernardon wartete geduldig darauf, dass die Arbeiten unterbrochen wurden. Dann nutzte das Paar die Pause, die man ihm zugestand, um sich auszuruhen. Der ältere der beiden Sträflinge streckte sich lang auf dem Boden aus, der Jüngere lehnte sich schweigend und düster an die Arme eines Ankers.

Der Marseiller näherte sich ihnen.

»Mein Freund«, sagte er herzlich. »Ich möchte mit Ihnen sprechen.«

Nummer 2224 trat auf ihn zu, und die Bewegung der Kette riss den alten Sträfling aus seiner Schläfrigkeit.

»He, du«, rief er, »wirst du wohl stehen bleiben, sonst werden wir von den Haken zerdrückt!«

»Schweig, Romain, ich möchte mit diesem Herrn sprechen.«

»Und ich sage nein!«

»Dann überlasse mir doch ein Stück deiner Kette!«

»Nein, meine Hälfte bleibt bei mir!«

»Romain, Romain!«, rief Nummer 2224 und begann ärgerlich zu werden.

»Nun gut, spielen wir es aus!«, sagte Romain und zog ein Kartenspiel aus seiner Tasche.

»Einverstanden!«, erwiderte der junge Gefangene.

Die Kette der beiden Sträflinge bestand aus achtzehn Gliedern zu jeweils sechs Zoll[1]; jeder von ihnen hatte also neun Kettenglieder zur freien Verfügung.

Die beiden Kontrahenten traten gegeneinander an, und der Einsatz des Spiels enthüllte ihre geradezu leidenschaftliche Besessenheit. Schon stießen sie unverständliche Worte aus.

Herr Bernardon wandte sich an Romain.

»Ich kaufe Ihnen Ihren Teil der Kette ab!«, sagte er.

[1] 1 frz. Zoll sind ca. 2,7 cm; hier also etwa sechzehn Zentimeter.

»Und was springt dabei für mich heraus?«

Der Geschäftsmann zog fünf Francs aus seiner Börse.

»Glatte Fünf!«, sagte der alte Häftling. »Abgemacht!«

Und er beeilte sich, das Geld zu nehmen, das – man weiß nicht, wohin – verschwand. Dann gab er die Kettenglieder, die er vor sich zusammengerollt hatte, frei, nahm seinen Platz wieder ein und legte sich mit dem Rücken in die Sonne.

»Was wollten Sie denn von mir?«, fragte der junge Gefangene den Marseiller.

Der starrte ihn an und sagte:

»Sie heißen Pierre-Jean, wurden wegen Raubes zu fünf Jahren Zwangsarbeit verurteilt und vor drei Jahren nach Verbüßung Ihrer Strafe freigelassen. Aber bald darauf wurden Sie als Wiederholungstäter festgenommen und erneut verurteilt, diesmal zu zehn Jahren Eisen.«

»Das stimmt!«, sagte Pierre-Jean.

»Sie sind der Sohn von Jeanne Renaud.«

»Meine gute, arme Frau Mutter«, sagte der Gefangene tieftraurig. »Sprechen Sie nicht von ihr. Sie ist tot!«

»Ja, sie ist vor zwei Jahren gestorben«, fügte Herr Bernardon hinzu.

»Nun gut, mein Herr, ich arbeite hart, denn ich will Geld verdienen, um ein Grab für die arme Jeanne Renaud zu kaufen.«

»Sie ist unter einer hübschen Marmorplatte begraben«, antwortete der Geschäftsmann.

»Unter grünen Bäumen?«

»Ja, Pierre-Jean.«

»Oh, Danke, mein Herr! Aber wer sind Sie?«

»Hören Sie einfach zu, denn wir dürfen nicht zu lange miteinander sprechen. Bereiten Sie sich darauf vor, in ein oder zwei Tagen zu fliehen. Notfalls erkaufen Sie sich das Schweigen Ihres Gefährten. Versprechen Sie ihm, was Sie wollen, ich werde Ihre Versprechen erfüllen. Erst wenn Sie bereit sind, werden Sie die notwendigen Mittel für Ihre Befreiung erhalten, denn von da an könnten sie Sie kompromittieren. Adieu, Pierre-Jean!«

In aller Ruhe setzte der Marseiller seine Inspektion fort; den Sträfling ließ er, nachdem er dies alles gehört hatte, in vollständiger Verblüffung zurück.

Er drehte noch einige Runden durch das Arsenal, besuchte zwei Werkstätten und gelangte dann bald zu seiner Equipage, deren Pferde ihn schnell zu seinem Hotel brachten.

Pierre-Jean hatte sich noch nicht von seinem Erstaunen erholt. Wie kam es, dass dieser Mann so gut über seine verschiedenen Lebensumstände Bescheid wusste? Mit welcher Absicht hatte er zu ihm von seiner Mutter gesprochen? Warum hatte Jeanne Renaud ein schönes Grab unter schattigen Bäumen bekommen? Welches Interesse hatte dieser Mann daran, ihn zu befreien? Trotz alledem ergriff er eifrig die Gelegenheit und beschloss, alles für seine Flucht vorzubereiten. Vor allem musste er zunächst seinen Kameraden über das geplante Vorhaben informieren; dies war unerlässlich, denn die Bande, welche sie aneinanderketteten, konnten nicht von einem allein zerbrochen werden, ohne dass der andere etwas davon mitbekam. Vielleicht wollte Romain von der Flucht profitieren und würde daher die Erfolgsausaussichten vermindern? Der alte Sträfling hatte ja nur noch achtzehn Monate »Eisen« vor sich, und indem Pierre-Jean ihn aufforderte zu bleiben, zeigte er ihm, dass er für solch einen geringen Vorteil keine Strafverschärfung zu riskieren brauchte.

Aber Romain, der letztlich nur das Geld sah, das dabei herausspringen würde, wollte nicht vernünftig sein und lehnte es ab, sich mit den Gedanken seines Kameraden auseinanderzusetzen. Erst als dieser von einigen tausend Francs sprach, welche auf den Alten warten könnten, wenn er das Gefängnis verließe, stellte sich Romain den Ideen Pierre-Jeans gegenüber nicht mehr länger taub. Die Schwierigkeit bestand für ihn nun darin, sich dieser in Aussicht gestellten Zahlung zu versichern.

Nach langen Verhandlungen, bei denen Romain ein gewisses Misstrauen gegenüber Versprechungen und Ehrenworten zeigte, wurde vereinbart, dass man ihm im Voraus einige Diamanten verschaffen würde, die er dann an einem sicheren Ort verbergen wollte. Was den Rest der Zahlung betraf, war er bereit, der Ehrlichkeit Pierre-Jeans zu vertrauen, der ihm versprach, die Summe um den gesetzlichen Zinssatz zu erhöhen.

Nun überlegte er, auf welche Weise die Flucht durchgeführt werden sollte. Die Schwierigkeit bestand darin, den Hafen unbemerkt zu verlassen und dabei den Blicken der Posten und Aufseher zu entgehen. Sollte er sich der Kühnheit oder einer List bedienen? Vielleicht war beides zugleich sinnvoll? Sobald er einmal außerhalb des Geländes war und die Gendarmeriebrigaden noch nicht benachrichtigt waren, musste es leicht sein, sich den Bauern zu zeigen. Diejenigen, die dabei auf eine Prämie hofften und deshalb eifriger waren als andere, würden dem Reiz einer noch höheren Summe gewiss nicht widerstehen können!

Pierre-Jean fand, dass die Nacht für sein Vorhaben geeignet war. Er war ein auf begrenzte Zeit verurteilter Sträfling, aber statt in einem der alten Schiffe eingekerkert zu sein, welche als schwimmende Gefängnisse dienten, hatte man ihn ausnahmsweise in den Sälen eingesperrt. Von dort herauszukommen, war schwierig, doch wichtiger war es, nicht dorthin zurückzukehren! Die nahezu verwaisten Reeden boten ihm daher eine gewisse Aussicht auf Erfolg, denn er glaubte, das Arsenal nicht anders als auf dem Seeweg verlassen zu können. Hatte er einmal Land gewonnen, oblag es seinem Gönner, ihm den Weg zu weisen.

Als er mit seinen Überlegungen bezüglich des Unbekannten bis hierher gekommen war, beschloss er, dessen Ratschläge abzuwarten und vor allem zu erfahren, ob er die Romain gegenüber abgegebenen Versprechen halten würde. Dank seiner Ungeduld verstrich die Zeit nur langsam.

Am nächsten Tag kam der Marseiller geradewegs zu ihm.

»Nun?«

»Alles ist abgemacht, mein Herr, und wenn Sie mir helfen wollen, wird alles gut vonstattengehen.«

»Was brauchen Sie?«

»Ich habe meinem Kameraden beim Verlassen des Bagnos dreitausend Francs versprochen.«

»Die wird er bekommen! Und weiter?«

»Er möchte noch etwas, das sicherer als ein Versprechen ist, und verlangt daher Diamanten als Vorauszahlung.«

Herr Bernardon überzeugte sich davon, dass er nicht überwacht wurde und ließ dann seine Anstecknadel vor die Füße des alten Sträflings fallen, der sie sofort verschwinden ließ. Gleichzeitig übergab er Pierre-Jean einen Beutel.

»Hier«, sagte er, »sind Gold und eine Feile von bester Qualität.«

»Danke, mein Herr. Wohin soll ich flüchten?«

»Nach Notre-Dame-des-Maures in den Bergen.«

»Verstanden!«

»Wann brechen Sie auf?«

»Heute Nacht. Ich schwimme!«

»Gut! Versuchen Sie, sich Kap Garonne[1] zu nähern. Dort werden Sie die notwendige Verkleidung finden. Mut und Vorsicht!«

»Und meinen Dank!«, fügte Pierre-Jean hinzu.

Die Sträflinge kehrten an ihre Arbeit zurück. Herr Bernardon beobachtete kühl und gleichmütig die Arbeiten im Arsenal und unterhielt sich lange mit zwei berühmten Gefangenen, die ihn für einen Erzphilanthropen[2] hielten.

[1] Heute trägt das Kap den Namen Cap de Carqueiranne.

[2] Eine anderen Menschen gegenüber ganz besonders wohlgesonnene Person.

Kapitel 4

Pierre-Jean bemühte sich, als der Ruhigste aller Gefangenen zu erscheinen; trotzdem wäre einem aufmerksamen Beobachter seine ungewöhnliche Rastlosigkeit aufgefallen. Die Sehnsucht nach Freiheit hatte sein ganzes Herz erfüllt und alle seine Hoffnungen entzündet, die unter der Asche der Niedergeschlagenheit schwelten. Er arbeitete sogar mit so ungewohntem Eifer, dass er sich beinahe durch eine zu große Beflissenheit verraten hätte. Gleichgültigkeit war wohl die beste Maske.

Um seine Abwesenheit beim Anbruch der Nacht zu verheimlichen, zog er in Erwägung, sich von einem Kameraden ersetzen zu lassen, der neben seinem Kettengefährten arbeitete. Ein *Chaussettes* genannter Sträfling – der Name rührte von dem leichten Ring her, den er am Bein trug –, der nur noch wenige Tage im Bagno verbringen musste und deshalb nicht mehr angekettet war, erklärte sich für drei Goldstücke mit Pierre-Jeans Plan einverstanden. Er willigte ein, sich dessen Kette nach ihrer Entfernung für ein paar Minuten an seinem Fuß befestigen zu lassen.

Gegen 7 Uhr abends nutzte Pierre-Jean einen Augenblick der Ruhe, um sein Eisen durchzusägen. Obwohl der Schäkel[1] besonders gehärtet war, konnte er sich dank seiner ausgezeichneten Feile schnell davon befreien. Nachdem er sah, wie der *Chaussettes* seinen Platz einnahm, kauerte er sich kurz vor der Rückkehr in die Säle hinter einen Holzstapel.

Nicht weit von ihm entfernt befand sich ein riesiger Kessel, der für eine Dampffregatte bestimmt war. Man hatte ihn zum

[1] Ein geschmiedetes Verbindungsglied zwischen Ketten oder Drahtseilen, welches mit einem Schraub- oder Steckbolzen verschlossen wird.

Trocknen vor der Maschinenwerkstatt aufgestellt. Der geräumige Behälter war auf einem Sockel platziert und die Öffnung der Feuerung bot dem Sträfling ein sicheres Versteck. Einen günstigen Augenblick nutzend, glitt er geräuschlos dort hinein, nahm ein Stück der Planke weg, das er in Form einer Kappe ausgehöhlt und mit Löchern versehen hatte, und wartete ab.

Die Nacht brach an; die Uhr schlug acht. Die Sträflinge ließen ihre Arbeiten ruhen und begaben sich – unter der Führung eines Aufsehers – in ihre Gefängnisse zurück. Der wolkenschwere Himmel verstärkte die Dunkelheit und begünstigte Pierre-Jeans Vorhaben. Als das Arsenal menschenleer war, verließ er sein Versteck und kroch heimlich zu den Reinigungsbecken, denn er konnte ja nicht vor den Gebäuden des Bagnos vorbeigehen. Auf der anderen Seite der Bucht lag die Halbinsel von Cépet[1] in Dunkelheit gehüllt.

Ein paar Gruppenführer streiften noch hier und da umher. Auch Pierre-Jean unterbrach gelegentlich seinen Weg, um sich in dunklen Nischen zu verstecken. Zum Glück hatte er seine Fußfesseln vollständig entfernen können, und so waren seine Bewegungen geräuschlos und ungehindert.

Schließlich gelangte er unterhalb des Neuen Docks ans Meer, nicht weit von der Öffnung entfernt, welche den Zugang zur Bucht gewährte. Seine Kappe aus Holz in der Hand haltend, ließ er sich an einem Seil hineingleiten und verschwand geräuschlos in den Fluten. Als er wieder an die Oberfläche kam, setzte er schnell diese seltsame Kopfbedeckung auf. Sein Kopf entzog sich somit allen Blicken und die zuvor gebohrten Löcher erlaubten ihm, sich zu orientieren; man hielt ihn für eine dahintreibende Boje.

Plötzlich ertönte ein Kanonenschuss.

»Der Hafen wird geschlossen!«, dachte er.

Ein zweiter, dann ein dritter Schuss.

»Die Alarmkanone! Meine Flucht ist entdeckt worden! Los geht's!« Und Pierre-Jean, der sorgfältig vermied, in die Nähe

[1] Heute trägt die Halbinsel den Namen Saint-Mandrier.

von Schiffen und Ankerketten zu kommen, durchschwamm die kleine Bucht und näherte sich dem Pulvermagazin von Millau.

Das Meer war etwas unruhig, aber als tüchtiger Schwimmer fühlte er sich stark genug, die Entfernung zurücklegen zu können. Seine Kleider, die sein Vorankommen nur behindert hätten, hatte er unterwegs abgeworfen, seinen kleinen Beutel mit Gold jedoch vor die Brust gebunden.

Ohne Zwischenfall gelangte er bis in die Mitte der kleinen Bucht. Dort zog er – sich auf eine Art Boje aus Eisen stützend – vorsichtig die Kappe ab, welche ihn bisher geschützt hatte.

»Uff«, sagte er. »Gemessen an dem, was noch vor mir liegt, ist dieser Ausflug ein einziges Vergnügen. Auf hoher See habe ich nichts mehr zu befürchten. Aber ich muss den Engpass hinter mich bringen, und dort wird dann eine stattliche Anzahl von Booten zwischen dem großen Turm und dem Fort von Aiguillette verkehren. Es müsste mit dem Teufel zugehen, wenn ich denen entwische. Doch orientieren wir uns erst einmal und bringen den Teufel nicht ins Spiel, solange er nicht da ist.«

Pierre-Jean stellte beim Pulvermagazin von Goubnin und dem Fort Saint-Louis seine genaue Richtung fest: Er musste in gerade Linie vorrücken und – um weder auf der einen noch auf der anderen Seite bemerkt zu werden – in der Mitte des Passes bleiben. Den Kopf unter seiner Vorrichtung versteckt, schwamm er geräuschlos weiter. Der Wind frischte auf, und indem er manches gefährliche Geräusch übertönte, konnte er sogar die Feinheit seines Gehörs täuschen. Also war er auf der Hut, denn wie wichtig es auch war, aus der kleinen Bucht herauszukommen, musste er sich doch langsam vorwärts bewegen, um die falsche Boje, die ihn bedeckte, nicht allzu leichtsinnig zu beschleunigen.

Eine halbe Stunde verging. Seine geschärften Sinne zeigten ihm die Nähe des Passes an, als er glaubte, zu seiner Linken ein Rudergeräusch zu vernehmen. Er hielt an, spitzte die Ohren und wartete.

»Heda!«, rief jemand in einem Boot. »Gibt es Neuigkeiten?«

»Nichts Neues!«, antwortete jemand in einem Boot, das auf der rechten Seite des Ausbrechers vorbeifuhr.

»Wir werden ihn nie mehr wiederfinden!«

»Ist es denn sicher, dass er übers Meer verschwunden ist?«

»Zweifellos! Man hat seine Kleider aus dem Wasser gefischt.«

»Nun, da laufen wir Gefahr, bis in alle Ewigkeit nach ihm zu suchen[1]!«

»Los, rudern wir kräftig!«

Die Fahrzeuge trennten sich; Pierre-Jean wurde eifrig verfolgt. Indem er die Entfernung von den Marinebooten ausnutzte, wagte er einige kräftige, lange Schwimmstöße und verschwand schnell im Pass. Dabei kämpfte er gegen die Wellen und die zunehmende Verzweiflung an.

»Oh, wenn ich doch auf hoher See wäre!«

Kann man die schreckliche Lage dieses Mannes erfassen? Auf hoher See! Das bedeutete den Tod, und doch zog er ihn dem Bagno vor. Was für eine Beharrlichkeit, was für eine Charakterstärke findet man manchmal bei diesen Unglücklichen! Oft wird gesagt, dass eine derartige – für das Gute eingesetzte – Energie große Dinge bewältigt: Das stimmt, aber diese Kraft liegt außerhalb der menschlichen Natur. Um sie zu erzeugen, bedarf es eines geradezu schrecklichen Verlangens nach Freiheit. Im Alltag des Lebens wären diese Leute erfolglos, energielos und auch machtlos geblieben. Die Gesellschaft hatte diese Unglücklichen ausgestoßen; sie waren aneinander geraten und der Schock des Aufpralls bewirkte, dass sie letztlich Funken sprühten!

Manchmal drangen Schreie an Pierre-Jeans Ohr; die Boote verstärkten ihre Suche in der Bucht und konzentrierten sich nun darauf, den Pass zu überwachen. Und Pierre-Jean schwamm noch immer!

»Ich würde besser ertrinken!«, sagte er sich.

---

[1] Jules Verne verwendet hier eine alte französische Redewendung (wörtlich »dass er bis nach Indien kommt«). Da es diese im Deutschen so nicht gibt, wurde bei der vorliegenden Übersetzung die entsprechende Bedeutung gewählt.

Schon zeichneten sich vor seinen Augen der große Turm und das Fort von Aiguillette ab. Fackeln huschten wie unheilverkündende Sterne den Strand entlang. Die Gendarmeriebrigaden waren noch auf den Beinen. Der Fliehende verlangsamte sein Tempo und überließ sich den Wellen und dem Westwind, die ihn zum Meer trieben.

Plötzlich erhellte ein Lichtschein die Fluten und Pierre-Jean bemerkte drei oder vier Boote um ihn herum, die mit Fackeln versehen waren. Er hielt den Atem an; eine falsche Bewegung konnte ihn verraten.

»He, dort drüben!«

»Nichts!«

»Hast du bei Lazaret aufgepasst?«

»Und du bei den Batterien?«

»Die Marinesoldaten wurden benachrichtigt.«

»Dann hat er also an der Küste nicht an Land gehen können.«

»Unmöglich!«

»Na, dann los!«

Pierre-Jean atmete durch. Die Boote waren keine zehn Faden[1] von ihm entfernt und er war gezwungen, im rechten Winkel von ihnen zu schwimmen.

»Halt! Was ist das da?«, rief ein Matrose.

»Was?«, wurde geantwortet.

»Dieser schwarze Punkt, der da schwimmt!«

»Dort zwischen uns?«

»Ja!«

»Das ist nichts! Eine treibende Boje.«

»Gut, die holen wir uns!«

Pierre-Jean war bereit zu tauchen. Aber da war der Pfiff eines Gruppenführers zu hören.

»Fahren wir, Kinder! Wir haben anderes zu tun, als ein Stück Holzbohle herauszufischen. Vorwärts!«

---

[1] Nautisches Längenmaß: 1 franz. Faden entspricht etwa 1,624 Meter; also gute 16 Meter.

Und die Boote setzten ihre Fahrt fort. Der Unglückliche fasste wieder Mut; seine List war nicht entdeckt worden! Die Kraft kehrte zurück und mit ihr die Hoffnung. In der Ferne tauchte eine schwarze Masse auf.

»Was ist das?«, fragte er sich. »Der Turm von Balaguier! Falls ich dorthin komme, bin ich gerettet. Aber wo bin ich denn?«

Er wendete sich nach links und erkannte das Fort Saint-Louis.

»Das ist doch der Turm! Wenn ich die Batterie hinter mir habe, werde ich in der großen Bucht sein. Oh, die Freiheit! Die Freiheit!«

Plötzlich war er in tiefe Dunkelheit gehüllt. Eine undurchdringliche Masse verbarg die Festung vor seinen Blicken.

Es war eines der Boote. Als es gegen ihn stieß, wurde seine Bewegung durch den Aufprall gestoppt und einer der Matrosen beugte sich über Bord.

»Es ist eine Boje!«, rief er. »Vorwärts, weiter!«

Und das Boot nahm wieder Fahrt auf. Aber unglücklicherweise traf ein Ruder die falsche Boje, kippte sie um, und bevor der Ausbrecher daran denken konnte zu verschwinden, zeigte sich sein geschorener Kopf über dem Wasser.

»Wir haben ihn!«, schrien die Seeleute. »Los, auf ihn!«

Pierre-Jean tauchte unter, und während Pfiffe ertönten, um die in allen Richtungen verstreuten Boote herbeizurufen, schwamm er zwischen zwei Küstengewässern des Strandes von Lazaret weiter. So entfernte er sich von dem Ort des Zusammentreffens, denn dieser Strand liegt zur Linken der Einfahrt in die große Bucht, während sich das Kap Garonne zur Rechten zeigt.

Aber er hoffte, seine Verfolger zu täuschen, indem er sich in eine Gegend wandte, die für seine Flucht am wenigsten geeignet war. Inzwischen musste die von dem Marseiller bezeichnete Stelle erreicht sein.

Nach einigen Schwimmstößen in die Gegenrichtung kehrte er wieder um. Die Boote fuhren kreuz und quer um ihn herum. Jeden Augenblick tauchte er unter, um nicht gesehen zu werden. Endlich war es dank seiner geschickten Manöver gelungen, die Verfolger zu täuschen; doch er musste ja noch ankommen! Pierre-Jean fühlte, wie er schwächer wurde und seine Kräfte verlor. Mehrmals fielen ihm die Augen zu; sein Gehirn wurde von Schwindelgefühlen erfasst, mehrmals lockerte er seine Hände und seine schwergewordenen Füße sanken immer mehr in die Tiefe.

Aber die Vorsehung und die Wellen hatten Mitleid mit ihm, und so schleuderten sie ihn ohnmächtig ans Ufer des Kap Garonne. Ein Mann beugte sich über ihn, als er das Bewusstsein wieder erlangte, und flößte ihm ein paar Schlucke Branntwein ein.

»Sie sind gerettet!«, sagte er. »Gekleidet wie ein Ausländer und mit einer Perücke als Kopfbedeckung, werden Sie mühelos nach Notre-Dame-des-Maures im Gebirge kommen. Brechen Sie schnell auf! Ich werde eine Fackel anzünden und am Strand aufpassen; man wird nicht glauben, dass Sie hier an Land gegangen sind.«

Und tatsächlich, Pierre-Jean schlug die angegebene Richtung ein. Nach einiger Zeit fiel er auf die Knie nieder, betete für seine Mutter und eilte dann schnell weiter.

Kapitel 5

Das im Osten von Toulon gelegene Gebiet ist von Wäldern und Gebirgen umsäumt und von Schluchten und Wasserläufen durchzogen; es bot dem Flüchtling zahlreiche Möglichkeiten für einen Erfolg bei seinem Unternehmen. In diesen oft von ihm durchstreiften Gegenden gab es kaum Zufluchtsorte, die ihm fremd gewesen wären. Er hatte keinen Zweifel mehr daran, dass er nun vollständig gerettet war, und seine Gedanken drehten sich nur noch um diesen großmütigen Beschützer, dessen Absichten er nicht erraten konnte. Hatte ihn der Marseiller nur deshalb aus dem Bagno geholt, weil er einen energischen, zu allem entschlossenen Mann brauchte, der vor allem der Kraft seiner Arme vertraute? Aber Pierre-Jean hatte, als er aus dem Gefängnis geflohen war, geschworen, nie mehr etwas Böses zu tun und alle unwürdigen Vorschläge abzulehnen.

Es war 10 Uhr nachts, als er sich in die Berge an der Garonne wagte: Er vermied es, den ausgetretenen Pfaden zu folgen, und stürzte sich in Gräben oder ins Dickicht, sobald er in der Stille die Schritte eines Mannes oder das Fahrgeräusch eines Karrens vernahm. Er verhielt sich dabei so vorsichtig wie ein Gauner, der vorhat, ein Verbrechen zu begehen, dabei basierte seine Vorsicht nur auf Ehrbarkeit.

Obwohl ihn seine Verkleidung unkenntlich machte, befürchtete er eine genauere Untersuchung, denn sein ländliches Gewand konnte auch geliehen sein. Außer den Gendarmeriebrigaden, die seit dem Ertönen der Alarmkanone auf den Beinen waren, trifft der ausgebrochene Sträfling in jedem Bauern auf einen unerbittlichen Feind. Sorgen um ihre Sicherheit sowie finanzielle Motive verstärken die Schärfe ihrer Blicke, die Schnelligkeit ihrer Beine und die Kraft ihrer Arme. Wenn ein

Flüchtling gesichtet wird, dann wird er erkannt, denn irgendein körperliches Gebrechen oder eine moralische Verletzung bleibt immer zurück: Entweder ist er an das Gewicht seiner Fußfesseln gewöhnt und zieht das linke Bein hinter sich her oder ihm steigt die Furcht vor einer Denunziation ins Gesicht.

Pierre-Jean gelangte jedoch wohlbehalten zur Grande Bastide. In einer Herberge, die er mit größtmöglicher Selbstsicherheit betrat, wurden ihm eine Flasche Wein und eine Scheibe Speck vorgesetzt. Er trug Sorge, seinen Verzehr mit Kupfermünzen zu bezahlen. Ausreichend gestärkt und die Unvorsichtigkeit des Schlafes vermeidend, setzte er sich wieder in Bewegung. Nachdem er einige Zeit dem Weg nach Saint-Vicent gefolgt war, ließ er diesen vorsichtshalber zur Rechten liegen, und ohne eine Menschenseele getroffen zu haben, erreichte er schließlich das Dorf Roubeaux, das zu durchqueren ihm überflüssig erschien.

Einen Augenblick lang dachte er daran, den vereinbarten Treffpunkt nicht aufzusuchen, denn noch immer beunruhigte ihn die Aussicht auf eine üble Geschichte. Doch sein Vertrauen überwog die Angst, und so stieg er weiter in nördlicher Richtung voran. Er ließ Hyères zu seiner Rechten hinter sich und kehrte ein zweites Mal in die Berge zurück.

Der Tag begann, und von da an durfte er sich nicht mehr aus der Nähe kontrollieren lassen. Er ließ sich ganz offen sehen, folgte den Hauptverkehrsstraßen und marschierte so selbstbewusst wie möglich immer geradeaus. Nachdem er seine Perücke geordnet und sich die Weste zugeknöpft hatte, setzte er entschieden seinen Weg fort.

Er war schon einige Zeit in Gedanken versunken, als er plötzlich glaubte, den Hufschlag mehrerer Pferde zu vernehmen. Daher stieg er auf einen Hügel, um einen Blick in die Umgebung zu werfen. Eine Wegkurve hinderte ihn daran, etwas zu sehen, doch konnte er sich nicht getäuscht haben, und als er mit dem Ohr auf dem Boden liegend lauschte, erkannte er deutlich das Geräusch, das ihm aufgefallen war. Im selben Augenblick stürzten sich – noch bevor er sich wieder erheben konnte – drei Bauern auf ihn. Im Nu war er geknebelt und gefesselt und seine Angreifer zwangen ihn, mit ihnen zurückzugehen. Zwei berittene Gendarmen erschienen auf dem Weg; sie blieben bei den Bauern stehen und einer von ihnen befragte sie.

»Wir haben einen ausgebrochenen Sträfling erwischt, Herr Gendarm, einen ausgebrochenen Sträfling!«

»Oh, oh!«, rief der Gendarm. »Ist das der von heute Nacht?«

»Das kann gut sein, aber ob er es ist oder ein anderer, das bleibt sich gleich, wir haben ihn!«

»Das gibt eine gute Prämie für euch!«

»Meiner Treu, das kann man nicht abschlagen! Seine Kleider gehören nicht dem Gefängnis, man wird sie uns obendrein geben.«

»Brauchen Sie uns noch?«, fragte der Gendarm.

»Ach Gott, nein! Er ist fest vertäut, und wir werden ihn selbst wegschaffen.«

»Das wird das Beste sein«, sagte der Gendarm, »denn wir folgen einer anderen Spur und das würde unser Vorhaben beeinträchtigen.«

»Dann los! Auf Wiedersehen und viel Glück!«

Die Gendarmen setzten ihren Weg fort und die Bauern entfernten sich in entgegengesetzter Richtung. Pierre-Jean war tief bestürzt und trottete mechanisch dahin. Gefesselt und geknebelt konnte er nicht einmal versuchen, seine Wachen zu bestechen. Als die Gendarmen verschwunden waren, schlugen die Bauern – indem sie von der Hauptstraße abwichen – abgelegene Wege ein und gelangten schließlich nach einem langen Marsch, auf dem sie kein einziges Wort an Pierre-Jean richteten, an den Fluss Gapau.

Als sie auf einer Fähre übersetzten, wollte sich der Unglückliche ins Wasser stürzen, aber da er von kräftigen Händen festgehalten wurde, musste er auf seinen Selbstmordversuch verzichten.

Auch die Bauern vermieden die Hauptstraßen, und schon bald befanden sie sich mitten im Gebirge. Pierre-Jean begriff ihr Verhalten überhaupt nicht. Das war das Maurische Gebirgsmassiv! Sie wandten Toulon den Rücken und mussten nun in der Nähe von Notre-Dame-des-Maures sein.

Tatsächlich lag bald darauf Teste des Cameaux vor ihnen und sie wandten sich diesem Dorf zu, wobei sie wieder die Hauptstraße erreichten. Auf der anderen Seite stand ein Mann, der sie zu erwarten schien. Pierre-Jean wurde zu ihm geführt. Es war Herr Bernardon.

Der Gefangene wollte eine Bewegung machen, aber der Mann aus Marseille schritt voran und übernahm die Führung der Gruppe. Bald darauf gelangten sie an ein kleines, abseits des Städtchens Notre-Dame-des-Maures gelegenes Haus.

Pierre-Jean wurde in einen niedrigen Raum gebracht, in dem sich eine alte Frau befand. Herr Bernardon folgte ihm mit den drei Bauern, und der Entflohene wurde von seinen Fesseln befreit.

»Was will man von mir? Es ist ein Unrecht, mein Herr«, sagte er zu dem Marseiller.

»Diese Männer sind mir treu ergeben«, erwiderte Herr Bernardon. »Wenn sie nicht vorgegeben hätten, Sie nach Toulon zu bringen, hätten die Gendarmen Sie festgenommen und Sie wären verloren gewesen!«

Pierre-Jean verstand gar nichts mehr. Auf ein Zeichen setzte er sich und Herr Bernardon sagte zu ihm:

»Hören Sie zu! Vor drei Jahren wurde Pierre-Jean aus dem Bagno entlassen, wo er seine Strafe verbüßt hatte, denn er war zu fünf Jahren Zwangsarbeit verurteilt worden. Endlich hatte die Stunde der Freiheit für ihn geschlagen. Versehen mit seinem Reisepass, bekleidet mit einer Stoffhose, einem neuen Hemd und einem gewachsten Hut, verließ er das Bagno und folgte in etwa dem gleichen Weg wie Sie heute. Sein Vermögen belief sich auf fünfzig Francs, armselige Ersparnisse, die er Sou um Sou angehäuft hatte. Bestimmt hatte er nichts Böses gewollt, aber an einem Tag der geistigen Verwirrung hat er einen Fehler gemacht. Statt ihn zu verderben, hatte ihn jedoch seine strenge Strafe, die ihn mit Verbrechern aller Art zusammenwarf, dazu gebracht, gute und ernsthafte Überlegungen anzustellen.

Er wollte seine alte Mutter wiedersehen, ihr mit seiner Arbeit helfen und sie von ganzem Herzen lieben. So schritt er schnell und fröhlich voran, denn er entfernte sich von dem Bagno und kehrte stattdessen nach Hause zurück. Doch als ihn die Gendarmen zwangen, den gelben Reisepass zu präsentieren, den ein zu strenges Gesetz vorsieht, um entlassene Sträflinge auszuweisen, schämte er sich sehr.

Als er nach einem langen Marsch das Dorf Notre-Dame-des-Maures erreichte, hielt er vor diesem Haus hier an. Eine alte Frau – diese alte Frau! – befand sich darin. Sie stand in einer Ecke und weinte; dabei rang sie verzweifelt ihre Hände. Pierre-Jean wollte die Ursache ihres Schmerzes erfahren.

›Leider‹, sagte sie, ›ist mein Sohn weit fort von mir. Er ist zur See gegangen, um reich zu werden und mich aus dem Elend herauszuholen. Aber seit er weggegangen ist, hat sich nur Unheil über meinem Kopf zusammengebraut: Alle Kosten sind gestiegen, schlechte Ernten wurden eingefahren, und weil mir nun die Summe von fünfzig Francs fehlt, wollen die Vertreter des Gesetzes meine arme Hütte verkaufen!‹

Die Worte und die Tränen dieser alten Frau schienen für sich zu sprechen. Der Gerichtsvollzieher konnte jeden Augenblick kommen und sie auf die Straße werfen! Pierre-Jean liebte Jeanne Renaud, seine Mutter, die ebenso unglücklich und betagt war; sie hätte sich ja in einer ähnlichen Notlage befinden können. Es war die Pflicht jeder barmherzigen Seele, hier zu helfen. Er besaß fünfzig Francs für seine Zukunft, und die gab er nun der alten Frau. Pierre-Jean hatte ein gutes Werk verrichtet; frohen Herzens und zufrieden mit sich selbst verließ er die Hütte. In diesem Moment trat der Gerichtsvollzieher ein. Pierre-Jean dachte ohne das geringste Bedauern daran, dass ihm – falls er nun hundert Francs besessen hätte – immerhin fünfzig Francs geblieben wären, fünfzig recht nützliche Francs, um sowohl seine Reise zu vollenden, die lang sein würde, als auch seine dringendsten ersten Bedürfnisse zu decken, denn seine Mutter war arm! Außerdem würde es schwierig sein, Arbeit zu finden, vor allem dann, wenn man sah, woher Pierre-Jean kam!

Als daher der Gerichtsvollzieher, der mit der Zahlung der alten Frau zufrieden war und ihr hierfür eine Quittung ausgestellt hatte, an ihm vorüber kam, stellte er sich ihm in den Weg. Ich weiß nicht, welcher böse Geist Pierre-Jean da ritt, aber ohne den Beamten anderweitig zu berauben, nahm er ihm seine fünfzig Francs wieder ab, nicht mehr und nicht weniger. Er glaubte wohl, dass die gute Tat die böse wiedergutmachen würde, und setzte seinen Weg fort! Aber noch bevor er seine Mutter wiedergesehen hatte, wurde er von dem Gerichtsvollzieher angezeigt und verfolgt. Erneut wurde er vor das Schwurgericht geschafft und zu zehn Jahren Eisen verurteilt! Armer Mann, es war zum Weinen, denn seine alte Mutter starb bald darauf, ohne ihren Sohn noch einmal umarmt zu haben!«

Herr Bernardon hielt inne; Pierre-Jean spürte, wie sich seine Augen mit Tränen füllten. Der Mann aus Marseille nahm die Hand der alten Frau und legte sie in die von Pierre-Jean.

»Dies ist meine Mutter«, sagte er, »und Sie haben sie gerettet! Wir haben beide für Sie gebetet!«

Pierre-Jean fiel auf die Knie, Herr Bernardon half ihm wieder hoch.

»Mein Freund, noch heute kehren wir nach Marseille zurück; eines meiner Schiffe wird Sie in die Neue Welt bringen! Nehmen Sie dieses Geld, damit es Ihnen niemals wieder am Nötigsten mangele! Doch schwören Sie mir, zu arbeiten.«

»Das schwöre ich, mein Herr, schon allein, um mich vor mir selbst zu rehabilitieren!«

Herr Bernardon drückte ihm die Hand und sagte:

»Mir ist seit langer Zeit klar, dass Sie ein anständiger Mensch sind!«

Am gleichen Abend traf Pierre-Jean – in Begleitung des Geschäftsmannes und dessen Mutter – in Marseille ein, und tags darauf nahm der siebenhundert Tonnen schwere Dreimaster *Cérès* den erwarteten neuen Passagier auf, um anschließend unter vollen Segeln geradewegs Kurs auf die Meerenge von Gibraltar zu nehmen.

Das Schicksal des Jean Morénas

Aus dem Französischen von Anne Ehrhardt

Erstes Kapitel

An diesem Tag – gegen Ende September, seitdem ist viel Zeit vergangen – hielt eine reiche Equipage[1] vor dem Stadthaus des Vizeadmirals, das den Place de Toulon beherrschte. Ein Mann von etwa vierzig Jahren, vierschrötig und von ziemlich vulgärem Auftreten, stieg aus und ließ dem Vizeadmiral neben seiner Karte auch Empfehlungsschreiben übergeben, welche mit illustren Namen signiert waren und ihm sofort die gewünschte Audienz gewähren würden.

»Habe ich die Ehre, mit Monsieur Bernadon, dem berühmten Marseiller Reeder, zu sprechen?«, fragte der Vizeadmiral, als sein Besucher hereingeführt wurde.

»Mit ebendiesem«, antwortete er.

[1] Private Kutsche, nebst Pferden und der dazugehörigen Bespannung und Bedienung.

»Möchten Sie nicht Platz nehmen?«, fuhr der Vizeadmiral fort. »Ich werde für Sie tun, was ich kann.«

»Ich danke Ihnen, Admiral«, antwortete Monsieur Bernadon, »aber ich glaube nicht, dass es Ihnen schwerfallen wird, das Anliegen, das ich Ihnen vortragen möchte, positiv zu beantworten.«

»Worum handelt es sich?«

»Lediglich um die Erlaubnis, das Zuchthaus besichtigen zu dürfen.«

»In der Tat keinerlei Problem«, bestätigte der Vizeadmiral. »Und Sie hätten sich nicht einmal die Mühe machen müssen, alle diese Empfehlungsschreiben zu besorgen. Ein Mann Ihres Namens bedarf keiner Ausweispapiere.«

Monsieur Bernadon verbeugte sich, brachte nochmals seine Dankbarkeit zum Ausdruck und bat um die auszufüllenden Formulare.

»Es gibt keine«, erhielt er als Antwort. »Übergeben Sie dem Generalmajor diese Worte von mir und er wird Ihnen sofort alles gewähren.«

Monsieur Bernadon verabschiedete sich und ließ sich zum Generalmajor führen. Er erhielt auch sogleich Zutritt zum Arsenal. Die Ordonnanz führte ihn zum Vorsteher des Gefängnisses, welcher ihm seine Begleitung anbot.

Der Marseiller dankte herzlich, schlug aber das Angebot aus und tat kund, dass er allein sein wolle.

»Wie Sie wünschen«, sagte der Vorsteher.

»Gibt es keine Einschränkungen, wenn ich mich frei im Gefängnis bewege?«

»Keine.«

»Und auch keine, wenn ich mit den Gefangenen rede?«

»Ebenfalls nicht. Die Adjutanten sind informiert und werden Ihnen keine Probleme machen. Erlauben Sie hingegen zu fragen, mit welcher Absicht Sie diesen wenig erfreulichen Besuch machen.«

»Mit welcher Absicht …?«

»Ja. Ist es pure Neugier oder verfolgen Sie ein anderes Ziel … ein menschenfreundliches, zum Beispiel?«

Die Ordonnanz führte ihn.

»Menschenfreundlich, genau«, erwiderte Monsieur Bernadon lebhaft.

»Wunderbar. Wir sind an diese Art Besuche gewöhnt. Man behandelt sie sehr wohlwollend an allerhöchster Stelle, da die Regierung stets daran interessiert ist, Verbesserungen in der Führung der Strafkolonien durchzusetzen. Viele sind schon verwirklicht worden.«

Monsieur Bernadon stimmte, ohne zu antworten, mit einer

typisch männlichen Geste zu, die besagte, dass derartige Anschauungen ihn normalerweise nicht interessierten, aber der Kommissar, ganz erfüllt von seinem Thema und die Gelegenheit zu Grundsatzerklärungen nutzend, bemerkte dessen Andeutung nicht und fuhr unermüdlich fort:

»Ein gerechtes Strafmaß ist schwer zu wahren bei ähnlichen Strafsachen. Wenn man auch die Strenge des Gesetzes nicht übertreiben soll, ist es besser, sich in acht zu nehmen vor sentimentalen Kritiken, die angesichts der Strafe das Verbrechen vergessen. Alles in allem verlieren wir hier nie aus den Augen, dass Gerechtigkeit gemäßigt sein muss.«

»Derartige Gefühle ehren Sie«, antwortete Monsieur Bernadon, »und wenn Sie Interesse an meinen Ausführungen haben, werde ich Ihnen mit Vergnügen von jenen berichten, zu denen mich der Besuch des Zuchthauses angeregt haben wird.«

Die zwei Gesprächspartner trennten sich und der Marseiller ging, ausgerüstet mit einem ordentlichen Genehmigungsschein, in Richtung Gefängnis. Der Militärhafen von Toulon bestand hauptsächlich aus zwei riesigen Polygonen, die im Norden an den Kai stoßen. Das eine mit Namen Darse Neuve[1] lag westlich vom anderen, das Darse Vieille[2] hieß. Die Peripherie dieser Beckenmauern, wahrhafter Verlängerungen der Stadtbefestigung, war von breiten Dämmen gekennzeichnet, die lange Gebäude, Maschinenwerkstätten, Kasernen und Marinemagazine zu tragen hatten. Jedes dieser Hafenbecken, die es heute noch gibt, hat im südlichen Teil eine ausreichend große Öffnung, um Hochseeschiffe durchzulassen. Sie hätten auch gut als Flutbassins dienen können, wenn nicht die Konstanz des Wasserstandes des Mittelmeers, das kaum Gezeiten kennt, ihre Schließung unnötig machte.

Zum Zeitpunkt der erzählten Ereignisse war das Darse Neuve im Westen von Magazinen sowie dem Parc d'Artillerie[3] und im Süden, rechts der Öffnung, die auf die kleine Reede stößt,

[1] Neues Hafenbecken
[2] Altes Hafenbecken
[3] Artillerie-Park

von den heute abgerissenen Straflagern begrenzt. Jene umfassten zwei rechtwinklig zueinanderstehende Gebäude. Das erste, vor den Maschinenwerkstätten, lag nach Süden, das zweite hatte Sicht auf das Darse Vieille und ging in die Kasernen und das Krankenhaus über. Unabhängig von diesen Bauten existierten drei schwimmende Lager, in denen die Gefangenen auf Zeit untergebracht waren, während die lebenslänglich Verurteilten auf sicherem Grund saßen. Wenn es einen Ort auf der Welt gibt, an dem es keine Gerechtigkeit geben darf, dann ist das sicherlich das Zuchthaus. In Zusammenhang mit der Schwere des Delikts und dem Grad der seelischen Perversion sollte die Abstufung der Strafen auch den Rang und den Stand unterschiedlich berücksichtigen. Aber weit gefehlt. Die Gefangenen jedes Alters und jeder Herkunft sind schändlich miteinander vermischt. Aus diesem beklagenswerten Zusammenleben kann nur eine hässliche Korruption erwachsen und die Ansteckung mit dem Bösen verwüstet die verderbten Massen.

Zu dem Zeitpunkt, an dem die Geschichte ihren Anfang nimmt, verwahrte das Zuchthaus von Toulon 4000 Sträflinge. Die Direktion des Hafens, der Schiffswerften, der Artillerie, des Generalmagazins, der hydraulischen Konstruktionen und der zivilen Bauten beschäftigen dreitausend davon. Ihnen waren die schwersten und mühseligsten Arbeiten vorbehalten. Jene, die keinen Platz in den fünf großen Abteilungen finden konnten, wurden im Hafen, beim Ballastaufnehmen und -abladen, zum Schiffstreideln, zum Entsorgen von Schlamm und Kot sowie zum Auf- und Abladen von Munition und Lebensmitteln eingesetzt. Andere waren Krankenpfleger, spezielle Angestellte oder verurteilt zur Doppelkette für den Fall eines Fluchtversuchs.

Seit ziemlich langer Zeit und auch während des Besuchs von Monsieur Bernadon hatte man keinen Zwischenfall dieser Art registriert, und seit einigen Monaten war die Alarmkanone im Hafen von Toulon nicht zu hören gewesen.

Nicht etwa, dass die eifrige Liebe zur Freiheit sich abgeschwächt hätte in den Herzen der Verurteilten, aber die Mutlosigkeit schien ihre Ketten schwerer gemacht zu haben. Einige des Leichtsinns und des Verrats überführte Wärter waren von der Galeere entlassen worden, und eine Art Ehrenkodex führte zu einer ernsthafteren und sorgfältigeren Überwachung der anderen. Der Kommandant des Zuchthauses gratulierte sich zu diesem Ergebnis, ohne sich deshalb in trügerischer Sicherheit zu wiegen, da in Toulon Ausbrüche häufiger und leichter waren als in allen anderen Häfen.

Es schlug halb eins auf der Turmuhr des Zeughauses, als Monsieur Bernadon auf dem äußersten Punkt des Darse Neuve ankam. Der Kai war menschenleer. Eine halbe Stunde zuvor hatte die Glocke die seit dem Morgengrauen arbeitenden Sträflinge in ihr jeweiliges Gefängnis zurückgerufen. Jedem von ihnen war nun seine Ration ausgeteilt worden. Die dauerhaft Verurteilten hatten sich wieder auf ihrer Bank eingefunden und ein Wärter hatte sie sogleich in Ketten gelegt, während sich die Verurteilten auf Zeit frei im gesamten Saal bewegen konnten. Beim Pfeifenklang des Adjutanten hatten sie sich über ihre Schüsseln gebeugt, die das ganze Jahr eine Suppe aus getrockneten Bohnen enthielten.

Die Arbeiten würden um ein Uhr wieder aufgenommen werden und erst um acht Uhr abends beendet sein. Dann würde man die Sträflinge zurück in ihre Unterkünfte bringen, wo es ihnen während einiger Stunden Schlaf möglich sein würde, ihr Schicksal zu vergessen.

Zweites Kapitel

Monsieur Bernadon nutzte die Abwesenheit der Gefangenen, um die Anlage des Hafens untersuchen zu können. Man darf davon ausgehen, dass das Spektakel selbst ihn nur mäßig interessierte, denn er wusste es ziemlich schnell einzurichten, sich in der Nähe eines jungen Adjutanten zu befinden, den er ohne Umschweife fragte:

»Mein Herr, um welche Zeit kehren die Gefangenen in den Hafen zurück?«

»Um ein Uhr«, antwortete der Adjutant.

»Sind sie alle zusammen und verrichten alle ohne jeden Unterschied dieselben Arbeiten?«

»Nein. Einige sind in besonderen Betrieben unter der Führung von Vorarbeitern eingestellt. In den Schlossereien, den Seilereien, den Gießereien, die spezielle Kenntnisse verlangen, finden sich hervorragende Arbeiter.«

»Verdienen sie dort ihren Lebensunterhalt?«

»Manche.«

»Inwiefern?«

»Das kommt darauf an. Zurzeit bringt ihnen ein Tag fünf bis zwanzig Centimes ein. Bei Akkord können es dreißig werden.«

»Haben sie die Möglichkeit, dieses Geld zur Verbesserung ihres Lebens hier zu verwenden?«

»Ja«, antwortete der Adjutant, »sie können Tabak kaufen, denn trotz gegenteiliger Regeln toleriert man, dass sie rauchen. Für einige Centimes erhalten sie auch etwas Ragout oder Gemüse.«

»Haben die Lebenslänglichen und Zeitgefangenen den gleichen Lohn?«

»Nein, die Letztgenannten bekommen ein Drittel mehr, das

einbehalten und ihnen bei Entlassung ausgehändigt wird, damit sie in Freiheit nicht in völliger Armut dastehen.«

»Ah«, machte Monsieur Bernadon lediglich und schien in Gedanken verloren.

»Wirklich«, ergriff der Adjutant wieder das Wort, »sie sind nicht schlecht dran. Wenn sie nicht durch Ausbruchsversuche oder eigene Fehler die Haftbedingungen verschärfen würden, ginge es ihnen besser als manchen Arbeitern in den Städten.«

»Die Verlängerung der Haftstrafe«, fragte der Marseiller, dessen Stimme ein wenig verändert schien, »ist nicht die einzige Bestrafung, die ihnen im Fall eines Fluchtversuchs droht?«

»Nein, sie können auch durch Prügel oder doppelte Ketten bestraft werden.«

»Prügel? …«, fragte Monsieur Bernadon.

»Die aus fünfzehn bis sechzig Schlägen auf die Schulter bestehen, je nach Schwere des Vergehens, und mit einem geteerten Seil verabreicht werden.«

»Und zweifellos ist jegliche Flucht für einen Gefangenen in doppelten Ketten unmöglich?«

»Ziemlich«, führte der Adjutant aus. »Die Sträflinge sind am Fuß ihrer Bank angekettet und gehen niemals hinaus. Unter diesen Umständen ist eine Flucht nicht so leicht.«

»Sicher gelingt ihnen die Flucht am ehesten während der Arbeit?«

»Zweifellos. Die Paare, die von einem Aufseher bewacht werden, haben eine gewisse durch die Arbeit erzwungene Bewegungsfreiheit. Die Geschicklichkeit dieser Leute ist so groß, dass trotz aktiver Überwachung die stärkste Kette in weniger als fünf Minuten durchtrennt ist. Wenn die im mobilen Bolzen vernietete Konstruktion zu hart ist, behalten sie den Ring, der ihr Bein umschließt, und zerbrechen das erste Kettenglied ihrer Kette. Viele Sträflinge, die in den Schlossereiwerkstätten arbeiten, finden dort leicht das nötige Werkzeug. Oft genügt ihnen die Zinnplakette, die ihre Nummer trägt. Wenn sie in den Besitz einer Uhrfeder gelangen, wird die Alarmkanone abgefeuert. Sie sehen, sie haben tausend Möglichkeiten, und ein

Gefangener hat nicht weniger als 22 dieser Geheimnisse verkauft, um einer Züchtigung zu entgehen.«

»Aber wo können sie ihre Instrumente verstecken?«

»Überall und nirgends. Ein Gefangener hat sich Schlitze in die Achselhöhlen gemacht und ließ kleine Stahlstücke zwischen Haut und Fleisch gleiten. Letzthin konfiszierte ich bei einem Sträfling einen Strohkorb, in dessen Fasern sich unbemerkt Feilen und Sägen befanden. Nichts ist unmöglich, mein Herr, wenn jemand seine Freiheit wiedererlangen will.«

In diesem Moment schlug es ein Uhr. Der Adjutant grüßte Monsieur Bernadon und begab sich zurück auf seinen Posten.

Die Gefangenen verließen also ihr Gefängnis, die einen allein, die anderen zu zweit aneinandergekettet, unter der Aufsicht der Wächter. Bald war der Hafen erfüllt vom Lärm der Stimmen, der Eisenschläge und den Drohungen der Aufseher.

Im Parc d'Artilleries, wohin es ihn zufällig verschlug, fand Monsieur Bernadon den Aushang des Strafenkatalogs des Straflagers.

> »Über jeden Gefangenen, der einen Aufseher schlägt, der seinen Mitgefangenen tötet, der revoltiert oder eine Revolte anzettelt, wird die Todesstrafe verhängt.
> Der auf Lebenszeit Verurteilte, der einen Ausbruchsversuch startet, wird mit drei Jahren doppelter Kette bestraft.
> Ein Gefangener auf Zeit, der das gleiche Verbrechen begeht, wird mit drei Jahren Haftverlängerung bestraft.
> Der Diebstahl von mehr als fünf Francs wird mit einer vom Gericht zu bestimmenden Haftverlängerung geahndet.
> Mit Züchtigung wird bestraft, wer seine Eisen zerbricht, wer irgendein Ausbruchsgerät benutzt, bei dem Verkleidungen gefunden werden, wer eine Summe unter fünf Francs stiehlt, wer sich betrinkt, wer Glücksspiel betreibt, wer auf dem Hafengelände raucht, wer seine Kleidung verkauft oder beschädigt, wer ohne Erlaubnis schreibt, bei wem mehr als zehn Francs gefunden werden, wer seinen Kameraden schlägt,

wer sich weigert zu arbeiten oder wer dem Gefängnispersonal widerspricht.«

Nachdem er gelesen hatte, blieb der Marseiller nachdenklich stehen. Er wurde durch die Ankunft einer Gruppe Sträflinge aus seinen Gedanken gerissen. Im Hafen war die Arbeit in vollem Gange. Die Vorarbeiter schrien herum mit ihren rauen Stimmen:

»Zehn Paare für Saint-Mandrier!«

»Zehn *Chaussettes*[1] für die Seilerei!«

»Fünf Paare zu den Masten!«

»Eine Verstärkung von sechs Roten zum Bassin!«

Die angeforderten Arbeiter begaben sich zu den angegebenen Orten, angetrieben von Beleidigungen der Adjutanten und ihren furchtbaren Stöcken. Der Marseiller betrachtete aufmerksam die an ihm vorbeilaufenden Sträflinge. Die einen waren vor schwer beladene Karren gespannt, die anderen transportierten auf ihren Schultern schweres Gebälk, stapelten Bauholz und räumten es weg oder zogen Schiffe mit Tauen.

Alle Gefangenen trugen die gleichen roten Jacken, eine gleichfarbene Weste und eine grob gewebte graue Hose. Die Lebenslänglichen trugen eine grüne Kappe. Wenn sie nicht besondere Fähigkeiten besaßen, wurden sie zu den härtesten Arbeiten herangezogen. Die wegen ihrer lasterhaften Instinkte oder Ausbruchsversuche verdächtigen Sträflinge hatten um ihre grüne Mütze ein dickes rotes Band. Für die Gefangenen auf Zeit waren uniform rote Kappen reserviert, verschönert mit Zinnplaketten, die die Registriernummern eines jeden Gefangenen zeigten. Letzteren galt Monsieur Bernadons ganze Aufmerksamkeit.

Die einen, zu zweit aneinandergekettet, trugen Eisen von acht bis zweiundzwanzig Pfund. Die Kette, die vom Fuß des einen Sträflings zu dessen Gürtel verlief, wo sie fixiert war, ging

[1] Eigentlich Socken / Strümpfe. Hier im Sinne von sogenannten Festungssocken gebraucht: das sind entkoppelte Sträflinge, die bald entlassen werden und nur noch einen einfachen Ring, ohne Kette, an den Knöcheln tragen.

von dort zum Gürtel und dann zum Fuß des anderen. Diese Unglücklichen nannte man spaßhaft Ritter der Girlande. Die anderen trugen nur einen Ring und eine Halbkette von neun bis zehn Pfund, oder sogar nur einen Ring, *Chaussette* genannt, der zwei bis vier Pfund wog. Andere bedauernswerte Sträflinge hatten die Füße und Hände eingezwängt in ein »*Martinet*«, also in um die Gelenke vernietete und per dreiendiger Kette miteinander verbundene, speziell gehärtete Metallschellen, die allen Versuchen des Zerreißens widerstehen.

Monsieur Bernadon, der sowohl Gefangene als auch Wärter befragte, verschaffte sich einen Überblick über die verschiedenen Arbeiten im Hafen. Vor ihm entrollte sich ein herzzerreißendes Bild, dazu geeignet, das Herz eines Philanthropen zu erschüttern. Aber ehrlich gesagt schien er es nicht zu sehen. Ohne auf der Gesamtheit der Szenerie zu verweilen, schweifte sein Blick nach allen Seiten, überprüfte jeden einzelnen Sträfling, als ob er in dieser unübersichtlichen Menge jemanden Bestimmten suchen würde, der ihn nicht erwartete. Aber diese Suche zog sich ergebnislos in die Länge und zeitweise konnte sich der beunruhigte Besucher Gesten der Entmutigung nicht erwehren.

Der zufällige Spaziergang endete damit, dass er sich in der Nähe des Mastwerks wiederfand. Plötzlich blieb er auf der Stelle stehen und seine Augen richteten sich auf einen vor den Spill gespannten Mann. Von dem Ort aus, an dem er sich befand, konnte er die Nummer dieses Sträflings, die Nummer 2224, sehen, die auf die an der roten Mütze der Gefangenen auf Zeit angebrachten Zinnplakette geprägt war.

Drittes Kapitel

Die Nummer 2224 war ein junger, kräftig gebauter Mann von 35 Jahren. Sein offenes Gesicht drückte gleichzeitig Intelligenz und Resignation aus. Nicht die Resignation eines Tieres, dem die entwürdigende Arbeit das Gehirn zerstört hat, sondern das bewusste Akzeptieren eines unabwendbaren Unglücks, keineswegs unvereinbar mit dem Überleben der inneren Energie, was die Standfestigkeit seines Blicks bewies. Er war an einen alten Verurteilten gekettet, der sich, viel härter und viehischer, stark von ihm unterschied und dessen flache Stirn nur die niederträchtigsten Gedanken beherbergen konnte.

Die Gefangenenpaare richteten die niederen Masten eines kürzlich zu Wasser gelassenen Schiffes auf und sangen, um ihre Mühen genau abzumessen, das Lied der Veuve. La Veuve bedeutet Witwe bzw. die Guillotine, Hinterbliebene derer, die sie tötet.

Oh! Oh! Oh! Jean-Pierre, oh!
Mach dich frisch!
Er kommt her! Er kommt her!
Der Rasierer! Oh!
Oh, oh, oh! Jean-Pierre, oh!
Es kommt der Karren!
Ah! Ah! Ah!
Schneidet die Hälse!

Monsieur Bernadon wartete geduldig auf die Unterbrechung der Arbeiten. Das ihn interessierende Paar nutzte die Pause, um sich zu erholen. Der Ältere von beiden legte sich der Länge nach auf den Boden, der Jüngere blieb stehen und stützte sich auf einem Anker ab.

»Sie heißen Jean Morénas.«

Der Marseiller näherte sich ihm.

»Mein Freund«, sagte er, »ich möchte mit Ihnen sprechen.«

Um sich seinem Gesprächspartner zu nähern, musste Nummer 2224 an seiner Kette ziehen, was den älteren Sträfling aus seinem Halbschlaf riss.

»Hallo, wirst du wohl stillhalten?!«, rief der.

»Schweig, Romain. Ich möchte mit diesem Herrn sprechen.«

»Und ich sage dir: Nein!«

»Gib ein wenig Kette nach!«

»Nein, den Teufel werd ich.«

»Romain! Romain!«, rief Nummer 2224, der sich langsam zu ärgern begann.

»Na gut, spielen wir darum«, sagte Romain und zog ein paar schmierige Karten aus seiner Tasche.

»Es gilt«, erklärte der jüngere Verurteilte.

Die Kette der beiden Gefangenen bestand aus achtzehn Kettengliedern von sechs Zoll[1] Größe. Jeder der beiden besaß neun und verfügte über entsprechend viel Freiraum.

Monsieur Bernadon näherte sich Romain.

»Ich kaufe Ihnen Ihren Teil der Kette ab«, sagte er.

»Gibt es was Fettes?«

Der Kaufmann entnahm seiner Geldbörse fünf Francs.

»Ein Thune[2] …«, rief der alte Sträfling, »ist gemacht.«

Er beschlagnahmte das Geld, das irgendwo verschwand, dann, nachdem er seine Kette, die er um sich gewickelt hatte, gelöst hatte, nahm er seinen Platz wieder ein und legte sich mit dem Rücken auf den Boden.

»Was wollen Sie von mir?«, fragte der Gefangene 2224 den Marseiller.

Jener antwortete, den anderen fixierend:

»Sie heißen Jean Morénas. Sie sind wegen Mordes und schwerem Diebstahl zu zwanzig Jahren Zuchthaus verurteilt. Zurzeit haben Sie die Hälfte Ihrer Strafe abgesessen.«

»Das ist wahr«, sagte Morénas.

»Sie sind der Sohn von Jeanne Morénas aus dem Dorf Sainte-Marie-des-Maures.«

»Meine arme, alte Mutter«, sagte der Verurteilte traurig. »Sprechen Sie nicht mehr davon! Sie ist tot!«

»Seit neun Jahren«, ergänzte Monsieur Bernadon.

»Das stimmt auch. Wer sind Sie, mein Herr, dass Sie sich in meinen Angelegenheiten so gut auskennen?«

»Was kümmert Sie das?«, entgegnete Monsieur Bernadon.

---

[1] 1 frz. Zoll sind ca. 2,7 cm; hier also etwa sechzehn Zentimeter.

[2] In der Normandie verbreitet für Fünfliber bzw. Fünf-Francs-Schein

»Das Wichtigste ist doch, was ich für Sie tun kann. Hören Sie zu, und achten wir darauf, nicht zu lange miteinander zu sprechen. Bereiten Sie sich auf Ihre Flucht vor, die in genau zwei Tagen stattfinden wird. Erkaufen Sie sich das Schweigen Ihres Kompagnons. Versprechen Sie es, dann werde auch ich mein Versprechen halten. Wenn Sie bereit sind, erhalten Sie alle nötigen Instruktionen. Bis bald.«

Der Marseiller setzte seine Inspektion in Ruhe fort und ließ den Gefangenen überrascht über das soeben Gehörte zurück. Er drehte einige Runden im Arsenal, besichtigte ein paar Werkstätten und kehrte zu seiner Equipage zurück, deren Pferde ihn in schnellem Trab wegbrachten.

Viertes Kapitel

Fünfzehn Jahre, bevor Monsieur Bernadon mit dem Gefangenen 2224 dieses kurze Gespräch im Gefängnis von Toulon führte, lebte die Familie Morénas, bestehend aus einer Witwe und ihren zwei Söhnen, dem fünfundzwanzigjährigen Pierre und dem fünf Jahre jüngeren Jean, glücklich in dem Dorf Sainte-Marie-des-Maures.

Die Jungen übten beide das Tischlerhandwerk aus, und es fehlte ihnen weder vor Ort noch in den benachbarten Orten an Arbeit. Beide waren gleich gewandt und gefragt bei den Kunden.

Nicht gleich hingegen war ihr öffentliches Ansehen, und man muss zugeben, dass dieser Unterschied in der Behandlung gerechtfertigt war. Während der jüngere, fleißig bei der Arbeit und ein liebevoller Bewunderer seiner Mutter, als Inbegriff eines guten Sohnes gesehen werden konnte, erlaubte sich der ältere immer einmal wieder einige Streiche. Gewalttätig und hitzköpfig war er häufig, wenn er getrunken hatte, der Held von Streitereien oder Prügeleien. Seine Zunge schadete ihm noch mehr als seine Taten. Er erging sich oft in unüberlegten Reden. Er verfluchte seine beschränkte Existenz in dieser abgelegenen Berggegend und tat seinen Wunsch kund, hinauszuziehen und schnellen Reichtum zu machen. Mehr braucht es nicht, um das Misstrauen der traditionellen Bauernseelen zu wecken. Dennoch, die ihm anzulastenden Beschwerden waren nicht allzu gravierend. Deshalb gab man sich gewöhnlich damit zufrieden, seinem Bruder größere Sympathie entgegenzubringen und ihn als einen Hitzkopf zu betrachten, der, je nach den sich bietenden Zufällen, sowohl zu Gutem wie zu Bösem fähig war.

Die Familie Morénas war also trotz dieser leichten Schatten

glücklich. Ihr Glück bezog sie aus ihrem vollkommenen Zusammenhalt. Als Söhne gaben die zwei Jungen keinen Anlass zur Kritik. Als Brüder liebten sie einander von ganzem Herzen, und jener, der einen von ihnen angegriffen hätte, sähe sich sofort zwei Gegnern gegenüber.

Das erste Unglück, das die Familie traf, war das Verschwinden des älteren Bruders. An seinem fünfundzwanzigsten Geburtstag ging er wie gewöhnlich zur Arbeit, die ihn an jenem Tag ins Nachbardorf gerufen hatte. Am Abend warteten die Mutter und der Bruder umsonst auf seine Rückkehr: Pierre Morénas kam nicht wieder.

Was war ihm passiert? War er in einer seiner gewohnten Schlägereien umgekommen? War er Opfer eines Unfalls oder eines Verbrechens? Handelte es sich lediglich um eine Flucht? Auf diese Fragen würde es niemals eine Antwort geben.

Die Verzweiflung der Mutter war herzzerreißend. Dann, mit der Zeit, Schritt um Schritt, nahm das Leben wieder seinen gewohnten Lauf. Stufenweise und unterstützt durch die Liebe des zweiten Sohnes lernte Madame Morénas diese ergebene Schwermut kennen, die als einzige Freude den vom Unglück gezeichneten Herzen gegönnt ist.

Fünf Jahre vergingen auf diese Weise, fünf Jahre, während derer es keinen Moment Zweifel an der Hingabe des Sohnes Jean Morénas gegeben hatte. Nach Ablauf des letzten dieser fünf Jahre, zu dem Zeitpunkt, als Jean seinerseits fünfundzwanzig wurde, erschütterte ein zweites, noch schlimmeres Unglück diese ohnehin schon so schrecklich vom Schicksal geschlagene Familie.

In einiger Entfernung von deren Haus besaß der Bruder der Witwe, Alexander Tisserand, die einzige Herberge des Dorfes. Mit dem Onkel Sandre, wie Jean ihn zu nennen pflegte, lebte dessen Mündel Marguerite. Vor langer Zeit hatte er sie nach dem Tod ihrer Eltern zu sich genommen. Einmal in die Herberge eingezogen, hat sie sie nie mehr verlassen. Sie half ihrem Wohltäter und Paten bei der Bewirtschaftung des bescheidenen Gasthofes und durchlebte auf diese Weise dort die Etappen ihrer Kindheit und Jugend. Als Jean Morénas fünfundzwanzig Jahre alt wurde, war sie achtzehn, und aus dem Kind war ein junges, so hübsches wie sanftes Mädchen geworden.

Sie und Jean waren zusammen aufgewachsen. Sie hatten gemeinsam ihre Kinderspiele gespielt, und die alte Herberge war unzählige Male von ihrem Lärmen erfüllt gewesen. Dann, nach und nach, änderten die Spiele ihren Charakter, so wie sich mit der Zeit, zumindest in Jeans Herz, die kindliche Freundschaft von früher wandelte.

Der Tag kam, an dem Jean Morénas diejenige, die er bislang wie eine liebe Schwester betrachtet hatte, wie eine Frau liebte. Er liebte sie entsprechend seiner ehrlichen Natur, wie er seine Mutter liebte, mit der gleichen Aufopferung, mit der gleichen Inbrunst, mit seinem ganzen Wesen.

Aber er bewahrte Stillschweigen und erzählte jener, die er zu seiner Frau zu machen gedachte, nichts von seinen Plänen. Er sah nur zu deutlich, dass sich die zärtliche Liebe der jungen Frau nicht genauso entwickelte wie die seine. Also während sich seine brüderliche Liebe stufenweise in Begehren verwandelte, blieb Marguerites Gefühl unverändert. Mit der gleichen Ruhe blickten ihre Augen in die des Spielgefährten ihrer Kindheit, ohne dass ein Schatten das klare Blau ihrer Augen getrübt hätte.

Im Bewusstsein dieses Zwiespaltes sagte Jean nichts und verbarg seine heimliche Hoffnung, zum Leid seines Onkels Sandre, der seinen Neffen sehr schätzte und glücklich gewesen wäre, ihm sein Patenkind und seine wenigen Ersparnisse aus vierzig Jahren anstrengender Arbeit anvertrauen zu können. Aber der Onkel verzweifelte nicht. Es konnte sich alles zum Guten wenden, Marguerite war noch jung. Mit den Jahren würde Marguerite Jeans Stärken schätzen lernen, und dieser würde, mutiger geworden, seine Werbung formulieren.

So lagen die Dinge, als ein unvorhergesehenes Drama Saint-Marie-des-Maures erschütterte. Eines Morgens fand man Onkel Sandre tot, erwürgt, in seinem Büro, dessen Schublade bis aufs letzte geleert war. Wer hatte diesen Mord verübt? Die Justiz würde vielleicht lange vergeblich nach dem Schuldigen gesucht haben, wenn nicht der Tote selbst sich um dessen Entlarvung gekümmert hätte. In der zusammengekrümmten Hand der Leiche fand man ein zerknittertes Papier, auf welches Alexandre Tisserand, bevor er starb, folgende Worte geschrieben hatte: »Mein Neffe hat …« Mehr zu vermerken war ihm nicht gelungen. Der Tod hinderte ihn daran, den Satz mit der Anschuldigung zu vollenden.

Was er hinterließ, genügte jedoch vollauf. Da Alexandre Tisserand nur noch einen Neffen besaß, herrschte keinerlei Zweifel.

Das Verbrechen wurde problemlos rekonstruiert. Am vorherigen Abend weilte niemand in der Herberge. Der Mörder war also von draußen gekommen, und er musste dem Opfer gut bekannt gewesen zu sein, denn dieser, sonst von sehr misstrauischer Natur, hatte ohne zu zögern geöffnet. Es galt ebenfalls als erwiesen, dass das Verbrechen zu früher Stunde begangen wurde, da Alexandre Tisserand noch bekleidet war. Nach den unfertigen Rechnungen auf seinem Schreibtisch zu urteilen, war er damit beschäftigt gewesen, die Einnahmen zu überprüfen, als sein Besucher ihn überraschte. Zum Öffnen hatte er unbewusst den Stift mitgenommen, dessen er sich bediente und mit dem er später seinen Mörder erwähnen sollte.

Dieser hatte, sobald er eingetreten war, das Opfer an der Kehle gepackt und es niedergeschlagen. Das Drama musste sich binnen weniger Minuten abgespielt haben. Es gab im Endeffekt keine Kampfspuren, und Marguerite hatte in ihrem Zimmer, das zugegebenermaßen recht weit entfernt lag, nichts gehört.

Als er das Opfer tot glaubte, leerte der Mörder das Schubfach, durchsuchte sorgfältig das Schlafzimmer, wovon das zerwühlte Bett und die umgeworfenen Schränke zeugten. Nachdem er seine Beute an sich genommen hatte, beeilte er sich zu flüchten, ohne irgendeine kompromittierende Spur zu hinterlassen.

Zumindest glaubte er dies, aber der Elende hatte die Rechnung ohne die allgegenwärtige Gerechtigkeit gemacht. Der Todgeglaubte lebte noch und hatte für einen Augenblick das Bewusstsein zurückerlangt. Es gelang ihm, die Worte, die die Nachforschungen bestimmen sollten, zu verfassen, bevor ihn der Tod ereilte und somit unterbrach.

Im Dorf herrschte Bestürzung. Jean Morénas, der fleißige Arbeiter und gute Sohn, ein Mörder! Aber man musste es zur Kenntnis nehmen, die Anschuldigung war zu eindeutig, um daran zu zweifeln. So meinten zumindest die Justizbehörden. Trotz Proteste wurde Jean Morénas festgenommen, vor Gericht gestellt und zu zwanzig Jahren Zuchthaus verurteilt.

Dieses furchtbare Unglück war zu viel für seine Mutter. Von diesem Tag an verkümmerte sie schnell. Weniger als ein Jahr später folgte sie ihrem ermordeten Bruder ins Grab.

Das unerbittliche Schicksal ließ sie zu früh sterben. Sie verschied in dem Moment, als nach so vielen Prüfungen endlich ein Glücksfall eintrat. Die Erde bedeckte gerade ihren Sarg, als ihr älterer Sohn, Pierre, wieder im Lande auftauchte.

Woher kam er? Was hatte er während der zehn Jahre seiner Abwesenheit getan? Was hatte er erlebt? In welchem Zustand kehrte er in sein Dorf zurück? Er gab keine Auskünfte diesbezüglich und, so groß die Neugierde auch war, es kam der Tag, an dem man aufhörte, sich diese Fragen zu stellen.

Schließlich, wenn er auch keinen Reichtum gemacht hatte, so schien er dennoch nicht gescheitert zu sein. Seinen alten Beruf als Tischler übte er nur noch unregelmäßig aus und zwei Jahre lang lebte er fast wie ein Pensionär, sich nur selten nach Marseille begebend, wohin ihn, wie er sagte, die Geschäfte riefen.

In diesen zwei Jahren verbrachte er seine schönsten Momente nicht in dem von der Mutter ererbten Haus, sondern in der Herberge seines Onkels Sandre, die nun Marguerite gehörte und die sie nach dem Tod ihres Paten mit Hilfe eines Dieners bewirtschaftete.

Wie vorauszusehen war, entwickelte sich langsam eine zarte Beziehung zwischen den beiden jungen Leuten. Was die ruhige Energie Jeans nicht zustande brachte, das gelang der Zungenfertigkeit und dem ein wenig groben Charakter Pierres. Der wachsenden Liebe desselben kam Marguerite mit gleichen Gefühlen entgegen. Zwei Jahre nach dem Tod der Witwe Morénas, drei Jahre nach dem Mord an Onkel Sandre und der Verurteilung des Mörders, feierten die beiden jungen Leute Hochzeit.

Sieben Jahre vergingen, während derer drei Kinder geboren wurden, das letzte gerade sechs Monate vor dem Tag, an dem unsere Geschichte begann. Marguerite hatte als glückliche Ehefrau und Mutter sieben Jahre des Glücks verbracht.

Sie wäre weniger glücklich gewesen, wenn sie im Herzen ihres Mannes hätte lesen können, wenn sie von der Existenz gewusst hätte, die ihn, mit dem ihr Leben verknüpft war, sechs Jahre lang von Diebstahl zu Diebstahl, von Einbruch zu Einbruch geführt hatte, wenn sie vor allem über seine Rolle beim Mord an ihrem Paten informiert gewesen wäre.

Alexandre Tisserand hatte die Wahrheit gesagt, indem er seinen Neffen bezichtigte, aber welche Tragik, dass sein Gehirn und Hand verwirrender Todeskampf ihn daran hinderte, seine Aussage zu präzisieren! Es war wohl sein Neffe, der das abscheuliche Verbrechen begangen hatte, aber nicht Jean, sondern Pierre Morénas.

Mit seinen finanziellen Mitteln am Ende, auf der letzten Stufe zum Elend kam Pierre mit der festen Absicht nach Saint-Marie-des-Maures, seinen Onkel zu bestehlen. Der Widerstand des Opfers machte aus dem Dieb einen Mörder.

Nachdem er den Gastwirt niedergeschlagen hatte, plünderte er das Büro und flüchtete anschließend in die Nacht. Vom Tod seines Onkels, den er nur ohnmächtig wähnte, der Verhaftung und der Verurteilung seines Bruders wusste er nichts. So kam es, dass er, mit seinen Finanzen am Ende, ein Jahr nach seinem Verbrechen in aller Seelenruhe ins Land zurückkehrte. Er zweifelte nicht daran, dass er nach soviel vergangener Zeit leicht Vergebung finden würde. In dem Moment erfuhr er vom Tod seines Onkels, seiner Mutter und der Verurteilung seines Bruders.

Diese Nachricht erschütterte ihn schwer. Die Situation des Bruders, mit dem ihn zwanzig Jahre innige und wahrhaftige

Gefühle verbanden, wurde für ihn zur Quelle grausamer Selbstvorwürfe. Wie konnte er alles nur wiedergutmachen, ohne die Wahrheit aufzudecken, sich selbst anzuzeigen und so den Platz des zu Unrecht Verurteilten im Zuchthaus einzunehmen?

Unter dem Einfluss der Zeit schwanden Reue und Vorwürfe dahin. Die Liebe tat ein Übriges.

Aber die Reue kehrte zurück, als das eheliche Leben seinen friedlichen Lauf nahm. Von Tag zu Tag mehr lastete die Erinnerung an den unschuldigen Gefangenen auf des eigentlichen Schuldigen Gewissen. Die Kindheitserinnerungen beschäftigten ihn immer mehr, und der Tag kam, an dem Pierre Morénas träumte, seinen Bruder von der Qual zu befreien, die er ihm bereitet hatte. Nach allem war er nicht mehr der mittellose Bettler, der Saint-Marie-des-Maures verlassen hatte, um in der Welt einen sagenhaften Schatz zu suchen. Jetzt hatte der Bettler Besitz, den größten des Dorfes, und es mangelte ihm nicht an Geld. Konnte er das Geld nicht verwenden, um sich seiner Vorwürfe zu entledigen?

Fünftes Kapitel

Jean Morénas folgte Monsieur Bernadon mit den Augen. Er konnte nur mit Mühe begreifen, was ihm geschah. Wieso kannte dieser Mann seine Lebensumstände so genau?

Das war ein unlösbares Problem. Aber egal, ob er nun verstand oder nicht, er musste unter allen Umständen das ihm gemachte Angebot nutzen. Er entschloss sich also zur Flucht.

Vorher musste er seinen Mitgefangenen von seinem Vorhaben in Kenntnis setzen. Daran führte kein Weg vorbei. Die Verbindung zwischen beiden konnte nicht von einem gelöst werden, ohne dass der andere es nicht bemerkt hätte. Vielleicht wollte auch Romain von der Gelegenheit profitieren, was die Erfolgsaussichten verringern würde.

Jean versuchte, dem alten Gefangenen, der nur noch achtzehn Monate in Eisen verharren musste, zu erklären, dass er bei dieser geringen Reststrafe keine Haftverlängerung riskieren sollte. Aber Romain, der bei dieser Geschichte auf Geld hoffte, wollte keine Vernunft annehmen und lehnte es ab, auf seinen Kameraden zu hören. Als dieser ihm dann endlich von tausend Francs sprach, die er sofort erhalten, und einer gleichen Summe, die dem Alten am Ende seiner Gefängnishaft ausgezahlt werden sollte, zeigte sich Romain einsichtig und einverstanden mit den Ideen seines Kettenkameraden.

Als diese Sache geklärt war, musste die Art des Ausbruchs gewählt werden. Das Wichtigste war es, den Hafen zu verlassen, ohne gesehen zu werden, demzufolge den geübten Augen der Wache und Wärter zu entkommen. War man erst einmal draußen, bevor die Polizei benachrichtigt worden war, käme man leicht mit den Bauern ins Geschäft, die eine gehörige Geldsumme überzeugen würde, ihm zu helfen.

Jean Morénas beschloss, nachts auszubrechen. Obwohl er Gefangener auf Zeit war, befand sich seine Unterkunft nicht auf einem der alten, zu einem schwimmenden Zuchthaus umgeformten Schiffe. Ausnahmsweise bewohnte er eines der Gefängnisse an Land. Es würde schwierig werden herauszukommen. Das Beste wäre, am Abend gar nicht erst hineinzugehen. Das Hafenbecken war um diese Uhrzeit fast leer. Es dürfte ihm zweifellos nicht unmöglich sein hindurchzuschwimmen. Anders als übers Meer würde er es nicht schaffen. Erst einmal an Land, käme ihm sein Beschützer zu Hilfe.

Durch seine Überlegungen auf diesem Weg an den Unbekannten erinnert, entschied er sich, auf dessen Rat zu warten und zu sehen, ob die Romain gegebenen Versprechen eingehalten werden konnten. Wegen seiner Ungeduld verfloss die Zeit langsam.

Erst am übernächsten Tag sah er seinen mysteriösen Freund wieder.

»Nun? …«, fragte Monsieur Bernadon.

»Alles ist geregelt, Monsieur, und wenn Sie mir helfen, kann ich Ihnen versichern, dass alles gut geht.«

»Was brauchen Sie?«

»Ich habe meinem Mitgefangenen zweitausend Francs versprochen, davon tausend Francs nach seiner Entlassung …«

»Geht in Ordnung. Noch etwas?«

»Tausend Francs sofort.«

»Hier sind sie«, sagte Monsieur Bernadon und gab die Summe dem alten Gefangenen, der sie sofort verschwinden ließ.

»Nun denn«, sagte der Marseiller, »Gold und eine versteckte Feile. Das genügt Ihnen, um mit Ihren Ketten zurechtzukommen?«

»Ja, Monsieur. Wo werde ich Sie wiedersehen?«

»Am Kap Brun. Sie finden mich am Strand, am Ende der Bucht mit Namen Port Mejean. Kennen Sie sie?«

»Ja. Zählen Sie auf mich.«

»Wann brechen Sie auf?«

»Heute Abend, ich werde schwimmen.«

»Sind Sie ein guter Schwimmer?«

»Ein sehr guter.«

»Dann ist der Boden bereitet. Bis heute Abend dann.«

»Bis heute Abend.«

Monsieur Bernadon verließ die zwei Gefangenen, die an ihre Arbeit zurückgingen. Ohne sich weiter um sie zu kümmern, setzte Monsieur Bernadon seinen Rundgang fort, indem er die einen oder anderen befragte, und kehrte dem Arsenal den Rücken. Keiner hatte etwas bemerkt.

Sechstes Kapitel

Jean Morénas bemühte sich, den Anschein zu erwecken, der ruhigste aller Arbeiter zu sein. Trotz seines Bemühens jedoch hätte ein aufmerksamer Beobachter seine ungewöhnliche Erregung bemerkt. Die Freiheitsliebe ließ sein Herz lauter schlagen, und sein ganzer Wille reichte nicht aus, seine fieberhafte Ungeduld zu unterdrücken. Wie schnell war sie verflogen, diese oberflächliche Resignation, mit der er sich zehn Jahre lang gegen die Verzweiflung gewappnet hatte.

Um bei der Rückkehr am Abend für einige Momente seine Abwesenheit zu verbergen, hatte er vor, sich durch einen anderen, seinem Kameraden nahen Kompagnon ersetzen zu lassen. Dieser war ein *Chaussette* – so genannt wegen des leichten Rings, den die Gefangenen dieser Kategorie am Fuß tragen – also jemand, dem nur noch einige Tage Zuchthaushaft blieben und der losgekuppelt war – und ließ sich sich für drei Goldstücke von Jean überreden ließ, seinen Fuß kurzzeitig in die gesprengten Fesseln desselben zu setzen.

Ein wenig nach sieben Uhr am Abend nutzte Jean eine Pause, um seine Eisen zu zersägen. Dank der Perfektion seiner Feile, und, obwohl seine Fessel besonders gehärtet war, gelang ihm seine Arbeit schnell. Im Augenblick der Rückkehr in die Unterkünfte übernahm der Häftling *Chaussette* seinen Platz. Er versteckte sich hinter einem Holzpfeiler.

Unweit von ihm befand sich ein riesiger, für ein sich im Bau befindliches Schiff bestimmter Heizkessel. Dieses große Behältnis stand auf seiner Grundfläche und die Öffnung des Ofens bot dem Flüchtigen ein für Blicke undurchdringliches Versteck. Bei der erstbesten Gelegenheit glitt er lautlos hinein und nahm ein Stück einer Bohle mit, in die er eilig eine Kuhle und Löcher

Einige Adjutanten tauchten hier und da auf.

machte. Dann wartete er, die Sinne geschärft, die Nerven angespannt.

Die Nacht brach herein. Der bewölkte Himmel verstärkte die Dunkelheit und begünstigte Jean Morénas. Die Halbinsel Saint-Madrier gegenüber verschwand im Dunst.

Als das Arsenal leer war, verließ Jean sein Versteck und kroch vorsichtig in Richtung des Werftbeckens. Einige Adjutanten tauchten hier und da auf. Jean hielt jedes Mal an und presste sich auf den Boden. Glücklicherweise hatte er seine Fesseln abgestreift, was ihm erlaubte, sich lautlos zu bewegen.

Endlich kam er ans Wasser, an einen Kai des Darse Neuve, unweit der Öffnung, die Zugang zum Hafenbecken bot. Das Holz in der Hand ließ er sich an einem Seil hinabgleiten und befand sich in den Fluten.

Als er wieder auftauchte, bedeckte er seinen Kopf mit der Bohle wie mit einem Hut und entschwand so allen Blicken. Die vorher eingearbeiteten Löcher gestatteten ihm, sich zu orientieren. Man würde ihn für ein Stück Treibholz halten.

Plötzlich ertönte ein Kanonenschuss.

»Das ist die Schließung des Hafens«, dachte Jean Morénas.

Ein zweiter und ein dritter ertönten.

Es konnte keinen Zweifel geben. Das war die Alarmkanone. Jean verstand, dass seine Flucht entdeckt worden war.

Die Annäherung an Schiffe und Ankerketten vermeidend, schwamm er in die kleine Bucht beim Sprengstofflager von Millaud. Das Meer war ein wenig rau, aber der geübte Schwimmer fühlte sich stark genug, es zu bezwingen. Die Kleider, die sein Vorankommen behinderten, wurden unterwegs zurückgelassen. Er behielt nur die Geldbörse, die er um die Brust gebunden hatte. Problemlos erreichte er die Mitte der Bucht.

Dort lüpfte er vorsichtig den Holzhut und holte Luft, indem er sich an einer dieser Eisenbojen, die tote Körper genannt werden, festhielt.

»Uff«, sagte er bei sich, »dieser Ausflug ist das reinste Vergnügen im Vergleich zu dem, was mir noch zu tun übrig bleibt. Auf dem Meer brauche ich keine Begegnungen mehr zu fürchten, aber ich muss die Hafeneinfahrt passieren und dort verkehren eine Menge Boote zwischen dem großen Turm und dem Fort Aiguillette. Das müsste mit dem Teufel zugehen, entkäme ich ihnen. Bis dahin orientieren wir uns und werfen uns nicht unsinnigerweise ins Maul des Wolfes.«

Jean bestimmte mit Hilfe des Pulverturms von Lagoubran und des Fort Saint-Louis seine Position und glitt wieder ins Wasser.

Den Kopf unter seinem Holzschutz versteckt, schwamm er vorsichtig. Da das Geräusch des auffrischenden Windes verhindern konnte, dass er gefährlichere Geräusche vernahm, nahm er sich in acht. Und obwohl es für ihn wichtig war, die kleine Bucht zu verlassen, bewegte er sich nur langsam fort, um nicht an einer falschen Boje hängen zu bleiben, die ihn mit unglaublicher Geschwindigkeit einfangen würde.

Eine halbe Stunde verstrich. Seiner Schätzung nach musste er in der Nähe der Passage sein. Da glaubte er plötzlich, links Ruderschläge zu hören. Er hielt an und lauschte.

»Oh«, erklang es von einem Kahn, »Neuigkeiten?«

»Nichts Neues«, kam es von einem zweiten Kahn rechts des Flüchtigen zurück.

»Den finden wir nie.«

»Aber ist es denn sicher, dass er übers Meer entkommen ist?«

»Zweifellos. Wir haben seine Kleider gefunden.«

»Es ist ziemlich dunkel. Weit kann er nicht kommen.«

»Los, voran! Rudern wir weiter!«

Die Kähne trennten sich. Sobald sie ausreichend weit entfernt waren, machte Jean einige kräftige Züge und verschwand in Richtung der Passage.

In dem Maße, in dem er sich ihr näherte, mehrten sich die Schreie um ihn herum. Die Kähne, die in der Bucht ihre Bahnen zogen, konzentrierten hier notwendigerweise ihre Wachsamkeit. Ohne sich von der Zahl seiner Feinde einschüchtern zu lassen, schwamm Jean weiter.

Er hatte für sich entschieden, dass er eher ertrinken würde, als dass er sich fangen ließe, und die Verfolger bekämen ihn nicht lebendig.

Bald erkannte er den großen Turm und das Fort Aiguillette.

Fackelschein auf den Deichen und am Strand zeugte von den Brigaden der Gendarmerie, die ihm auf den Fersen waren. Der Flüchtige verlangsamte seine Geschwindigkeit und ließ sich von den Wellen und dem Westwind in Richtung Meer treiben.

Plötzlich traf ein Fackelschein die Fluten und Jean bemerkte vier Kähne, die auf ihn zukamen. Er rührte sich nicht, denn die geringste Bewegung konnte ihn verraten.

»Und?«, erklang es von einem der Kähne.

»Nichts!«

»Weiter geht's!«

Jean atmete auf. Die Boote entfernten sich. Es war höchste Zeit. Sie befanden sich in absoluter Nähe, was ihn zwang auszuweichen.

»Nanu? Was ist denn das dort?«, schrie ein Matrose.

»Was?«, antwortete man ihm.

»Der schwarze Punkt, der schwimmt.«

»Das ist nichts. Nur Treibholz.«

»Na, dann sammeln wir es auf!«

Jean bereitete sich vor zu tauchen. Aber die Pfeife eines Quartiermeisters ertönte.

»Rudert, Leute, wir haben mehr zu tun, als irgendwelche Bohlen aufzufischen! Los, los!«

Die Ruder peitschten unter großem Lärm das Wasser. Der Unglückliche fasste wieder Mut. Seine List war nicht entdeckt worden. Mit der Hoffnung kehrten die Kräfte zurück. Er wendete sich nun endlich dem Fort Aiguillette zu, dessen massive dunkle Mauern sich vor ihm auftürmten.

Plötzlich befand sich Jean in tiefer Dunkelheit. Ein undurchsichtiger Körper schob sich zwischen ihn und das Fort, das er im Blick hatte. Es war ein Kahn, der ihn mit voller Geschwindigkeit rammte. Beim Zusammenprall beugte sich ein Matrose über Bord.

»Es ist eine Boje«, sagte dieser.

Das Boot fuhr weiter. Unglücklicherweise schlug eines der Ruder gegen die falsche Boje und drehte sie um. Bevor der Ausreißer ans Verschwinden überhaupt denken konnte, wurde sein rasierter Kopf über dem Wasser sichtbar.

»Wir haben ihn!«, schrien die Matrosen. »Dort!«

Jean tauchte, und während die Pfeifen ertönten und die überall verstreuten Kähne zusammenriefen, schwamm er unter Was-

Ein Mann hatte sich über ihn gebeugt.

ser in Richtung des Strandes von Lazaret. Auf diese Weise entfernte er sich vom vereinbarten Treffpunkt, da dieser Strand sich rechts vom Eingang in die große Bucht befand, das Kap Brun sich hingegen auf der linken Seite erstreckte. Aber er hoffte, seine Feinde zu täuschen, indem er sich auf die seiner Flucht am wenigsten förderliche Seite der Bucht zubewegte.

Der mit dem Marseiller ausgemachte Ort musste aber dennoch erreicht werden. Nach einigen Schwimmstößen in die entgegengesetzte Richtung nahm Jean seinen vorherigen Kurs wieder auf. Die Kähne kreuzten um ihn herum. Unentwegt musste er tauchen, um nicht entdeckt zu werden. Schließlich gelang es ihm, seine Verfolger mit seinen gewandten Manövern in die Irre zu führen und in die richtige Richtung zu entkommen.

War es nicht schon zu spät? Jean fühlte sich erschöpft und müde durch diesen langen Kampf gegen die Männer und die Elemente. Er war am Ende seiner Kräfte. Mehrmals schlossen sich seine Augen, und in seinem Kopf begann sich alles zu drehen. Mehrmals versagten die Hände ihren Dienst und die Füße sanken ihm wie Blei in die Tiefe.

Durch welches Wunder erreichte Jean das Ufer? Er hätte es selbst nicht sagen können. Dennoch gelang es ihm. Plötzlich hatte er festen Boden unter den Füßen. Er erhob sich und machte einige unsichere Schritte, drehte sich einmal um sich selbst und fiel außerhalb der Reichweite der Wellen in Ohnmacht.

Als er wieder zu sich kam, beugte sich ein Mann über ihn und hielt ihm eine Flasche an den Mund, aus der Alkohol durch seine zusammengepressten Lippen in seinen Mund rann.

Siebentes Kapitel

Die Gegend östlich von Toulon, bewaldet und bergig, von Schluchten und Wasserläufen durchzogen, bot dem Flüchtigen zahlreiche Rettungsmöglichkeiten. Jetzt, nachdem er Land gewonnen hatte, konnte er hoffen, völlige Freiheit zu erlangen. Diesbezüglich beruhigt fühlte Jean Morénas die Neugier hinsichtlich seines großzügigen Beschützers zurückkehren. Dessen Ziel konnte er nicht erraten. Brauchte der Marseiller etwa einen derben, unternehmungslustigen Kerl, der zu allem entschlossen war, der mit den Fäusten dachte und den er sich somit aus dem Zuchthaus zu holen gedachte? In diesem Fall hätte er sich verrechnet. Jean Morénas war fest entschlossen, suspekte Angebote energisch abzulehnen.

»Fühlen Sie sich wohler?«, fragte Monsieur Bernadon, nachdem er dem Flüchtling Zeit gegeben hatte, sich zu erholen. »Haben Sie die Kraft zu gehen?«

»Ja«, sagte Jean, sich erhebend.

»In dem Fall ziehen Sie die Kleidung eines Bauern an, die ich für Sie mitgebracht habe. Dann los. Wir dürfen keine Sekunde verlieren.«

Es war elf Uhr in der Nacht, als sich die beiden Männer auf den Weg machten. Sie vermieden gepflasterte Straßen, warfen sich in die Hecken und Gebüsche, wenn sie Schritte oder Fuhrwerke sich nähern hörten.

Auch wenn die Verkleidung den Flüchtling unkenntlich machte, fürchteten sie eine aufmerksame Kontrolle. Man sah dem bäuerlichen Kostüm an, dass es geborgt war.

Außer den Brigaden der Gendarmerie, die ihm seit dem ersten Kanonendonner auf den Fersen waren, musste Jean Morénas jeden beliebigen Passanten fürchten. Die Angst um ihre

Sicherheit und das Aussetzen einer Prämie der Regierung für das Ergreifen des ausgebrochenen Flüchtlings erhöhten die Scharfsichtigkeit der Bauern, die Schnelligkeit ihrer Beine, die Kraft ihrer Arme. Denn jeder Flüchtige riskierte, schnell erkannt zu werden, sei es, dass er durch das Tragen von schweren Ketten das Bein ein wenig nachzog, sei es, dass ihm eine verräterische Angst ins Gesicht geschrieben stand.

Nach drei Stunden Marsch hielten die zwei Männer auf ein Zeichen Monsieur Bernadons an. Dieser zog aus einer Tasche, die er über der Schulter trug, einige Lebensmittel, die Jean gierig im Schutz einer Hecke verschlang.

»Schlafen Sie jetzt etwas«, sagte der Marseiller nach der kurzen Mahlzeit. »Sie haben noch einen langen Marsch vor sich, und man muss mit seinen Kräften haushalten.«

Das ließ sich Jean nicht zweimal sagen, und kaum hatte er sich auf dem Boden ausgestreckt, fiel er in bleiernen Schlaf.

Der Tag war bereits angebrochen, als Monsieur Bernadon ihn weckte.

Sofort machten sich beide auf den Weg. Dieser führte sie jetzt nur noch übers freie Feld. Ihre Verhaltensweise musste nun darin bestehen, sich trotz mangelnder Deckung so wenig wie möglich sehen zu lassen, den engen Kontakt mit Passanten zu meiden, ohne ihnen wirklich entgehen zu können, den großen Straßen zu folgen.

Monsieur Bernadon und Jean Morénas liefen schon eine geraume Zeit, als letzterer das Herankommen mehrerer Pferde zu hören glaubte.

Er kletterte auf einen Hang, um die Straße überblicken zu können, aber wegen einer Kurve sah er nichts. Er konnte sich immerhin geirrt haben. Mit dem Ohr auf der Erde versuchte er, das Geräusch zu erkennen, das ihn beunruhigt hatte.

Bevor er sich erhob, warf sich Monsieur Bernadon auf ihn. Im Handumdrehen sah sich Jean geknebelt und gefesselt.

Im selben Moment erschienen zwei Gendarmen zu Pferde auf der Straße.

Auf der Höhe von Monsieur Bernadon und dessen mittlerweile verwirrten Gefangenen angekommen, rief einer den Marseiller an:

»He, Mann! Was ist hier los?«

»Das ist ein entlaufener Sträfling, Herr Gendarm, ein entlaufener Gefangener, dessen ich gerade habhaft geworden bin«, antwortete Monsieur Bernadon.

»Aha«, sagte der Gendarm, »der von letzter Nacht?«

»Das kann schon sein. Auf jeden Fall habe ich ihn oder einen anderen gefasst.«

»Sie werden eine ordentliche Belohnung bekommen, Kamerad.«

»Das will ich hoffen, und dazu kommt noch seine Kleidung, die nicht dem Zuchthaus gehört. Die werde ich gut verkaufen können.«

»Brauchen Sie uns?«, fragte einer der Gendarmen.

»Mein Gott, nein. Er ist sorgfältig geknebelt, das schaffe ich allein.«

»Dann ist es ja gut. Alles Gute und auf Wiedersehen«, antwortete der Gendarm.

Die Polizisten entfernten sich. Als sie verschwunden waren, hielt Monsieur Bernadon in einem Gehölz an der Straße. Schnell nahm er Jean die Fesseln ab.

»Sie sind frei«, sagte sein Begleiter und zeigte in Richtung Westen. »Folgen Sie der Straße auf dieser Seite. Mit ein wenig Bemühen erreichen Sie Marseille heute Nacht. Suchen Sie im alten Hafen der Marie-Magdeleine einen Dreimaster, der nach Valparaiso in Chile fahren wird. Der Kapitän weiß Bescheid. Er wird Sie an Bord nehmen. Sie heißen Jacques Reynaud. Hier sind Ihre Papiere. Hier haben Sie Gold. Fangen Sie ein neues Leben an. Adieu.«

Bevor Jean Morénas antworten konnte, war Monsieur Bernadon zwischen den Bäumen verschwunden. Der Flüchtling befand sich allein auf der Straße.

Achtes Kapitel

Überrascht von dem Ausgang seines unerklärlichen Abenteuers blieb Jean Morénas geraume Zeit unbeweglich stehen. Warum verließ ihn sein Beschützer, nachdem er ihm bei der Flucht geholfen hatte? Warum hatte sich der Unbekannte überhaupt für das Schicksal eines Gefangenen wie ihn interessiert, der durch nichts auf sich aufmerksam machte? Wie hieß er nur? Jean bemerkte, dass er nicht einmal daran gedacht hatte, nach dem Namen seines Retters zu fragen.

Da er dieses Versäumnis nicht mehr nachholen konnte, so schien es im Endeffekt auch nicht so wichtig. Entscheidend war, dass er keine Eisen mehr tragen musste, die ihm so lange die Knochen zerschlagen hatten. Der Rest würde sich später oder aber nie erklären lassen. Eins war sicher, und zwar, dass er sich allein am einsamen Straßenrand befand, mit Gold in der Tasche, ausgerüstet mit regulären Papieren, und mit tiefen Zügen die berauschende Luft der Freiheit einatmete.

Jean Morénas setzte sich in Bewegung. Man hatte ihm gesagt, in Richtung Marseille zu gehen. Ohne darüber nachzudenken, machte er sich also nach dorthin auf den Weg. Aber nach einigen Schritten blieb er stehen.

Marseille, la Marie-Magdeleine, Valparaiso de Chile, ein neues Leben beginnen. War es das, was er wollte, weshalb er sich so heftig nach der Freiheit gesehnt hatte, ein neues Leben in einem fernen Land? Nein, nein. Während seiner langen Haft hatte er nur von einem einzigen Land geträumt: Sainte-Marie-des-Maures, nur von einem einzigen Wesen: von Marguerite.

Es waren die Sehnsucht nach dem Dorf und die Erinnerung an Marguerite, die das Zuchthaus so grausam, die Ketten so unerträglich gemacht hatten. Und nun würde er weggehen, ohne überhaupt versucht zu haben, sie wiederzusehen? Los doch, lieber wollte er sich wieder unter die Knute der Zuchthauswärter beugen.

Nein, um jeden Preis musste er das Grab seiner Mutter besuchen, sein Dorf und vor allem Marguerite wiedersehen. Wenn er sich dem jungen Mädchen gegenüber sähe, würde er den Mut finden, der ihm früher gefehlt hatte. Er würde sich erklären, er spräche und überzeugte sie von seiner Unschuld. Marguerite war kein Kind mehr. Vielleicht liebte sie ihn heute. In diesem Fall würde er sie überzeugen, ihm zu folgen. Welch wundervolle Zukunft eröffnete sich vor seinem inneren Auge. Wenn sie ihn dagegen nicht liebte, würde passieren, was passieren sollte. Das hätte für ihn keinerlei Bedeutung mehr.

Jean verließ die große Straße und nahm den ersten Weg, der nach Norden führte. Aber bald hielt er von Neuem an, von dem Wunsch, sein Unterfangen erfolgreich zu beenden, zur Vorsicht gerufen. Er kannte das Land, das er nun durchquerte und das er während seiner Kindheit so oft durchstreift hatte, zu gut, um nicht zu wissen, dass das zu erreichende Ziel nicht mehr allzu weit entfernt von ihm lag. In zwei Stunden konnte er in Sainte-Marie-des-Maures sein. Es war jedoch wichtig, nicht vor Einbruch der Nacht dort anzukommen, wenn er nicht doch noch gefasst werden wollte.

Jean wartete also im Gelände und setzte sich erst nach Sonnenuntergang, nachdem er lange geschlafen und eine Mahlzeit in einem kleinen Gartenlokal genommen hatte, wieder in Bewegung.

Es schlug neun Uhr und die Dunkelheit war vollkommen, als er die ersten Häuser von Sainte-Marie-des-Maures erreichte. Jean glitt lautlos, ohne von jemandem gesehen worden zu sein, durch die leeren und ruhigen Straßen bis zum Gasthof seines Onkels Sandre.

Wie sollte er hineingelangen? Durch die Tür? Sicherlich nicht. Konnte man wissen, wer sich in dem großen Saal befand und ob dieser hinter der Tür sich nicht auf einen Feind werfen würde? Gehörte die Herberge denn überhaupt noch Marguerite? Warum sollte sie nicht nach all den Jahren, die vergangen waren, in andere Hände gefallen sein?

Glücklicherweise kannte Jean einen besseren und sichereren Weg als durch die Tür, um in das Haus zu gelangen. Es ist nicht selten, dass die Mas[1] Geheimeingänge besaßen, die den Besitzern erlaubten, unbemerkt ein- und auszugehen. Diese mehr oder weniger genialen Schlupflöcher sind sicherlich während der Religionskriege erfunden worden, die diesen Landstrich mit Blut und Feuer überzogen hatten. Nichts war für die Bewohner jener unruhigen Epoche natürlicher, als dass sie im Notfall nach Mitteln und Wegen gesucht hätten, ihren Feinden zu entkommen.

Das Geheimnis des Gasthofes, das dem Besitzer bestimmt unbekannt geblieben war, hatten Jean und Marguerite durch Zufall während ihrer Spiele entdeckt. Da sie stolz waren, allein davon zu wissen, hatten sie beschlossen, es niemandem zu verraten, wer es auch sei. Als sie größer wurden, dachten sie nicht mehr daran, sodass Jean zu Recht überzeugt war, den Mechanismus im Moment unversehrt vorzufinden.

Das Geheimnis bestand im drehbaren Rückteil des Kamins im großen Saal. Wie in vielen Häusern auf dem Land war dieser Kamin riesig, breit und tief genug, um mehreren Personen Unterschlupf zu gewähren. Der hintere Teil bestand aus zwei großen parallelen Eisenplatten, zwischen denen es einige Dezimeter Raum gab. Diese zwei Platten waren beweglich und konnten leicht per angebrachtem Griff mit einer Hand gedreht werden. Jeder, der davon wusste, und nur die Zuverlässigsten taten das, bekam also Zugang. Zuerst betrat man den Raum zwischen den zwei Platten, dann, nachdem man jene, durch die man eingetreten war, wieder schloss, ließ sich die andere öffnen und man gelangte von drinnen nach draußen oder umgekehrt.

Jean ging ums Haus herum und strich mit der Hand über die Mauern. Ohne viel Mühe fand er die äußere Platte. Nach ein

[1] Traditionelle weiße, kleine, provenzalische Häuser mit Ziegeldächern

Jean glitt lautlos durch die leeren Straßen.

paar Minuten erkannte er den Griff, den er im richtigen Sinn drehte. Offensichtlich hatte sich nichts verändert. Der Griff funktionierte und die Platte bewegte sich mit einem Knarren.

Jean schlüpfte durch diesen Gang und atmete auf, nachdem er ihn wieder geschlossen hatte.

Er handelte mit größter Vorsicht. Ein Lichtstrahl fiel durch die innere Platte ins Versteck, und das Geräusch einer Stimme drang aus dem großen Saal. Man schlief also noch nicht in der

Herberge. Bevor er sich zeigte, musste er herausbekommen, mit wem man es zu tun hatte.

Unglücklicherweise konnte Jean nichts erkennen, obwohl er sein Auge an den Spalt der Platte drückte. Bereits ungeduldig, beschloss er, das Risiko einzugehen und sie aufzudrücken.

In genau diesem Moment brach ein Getöse im großen Saal los. Es ertönte zuerst ein schriller Schrei, ein Ruf in Todesangst, sofort gefolgt von einer Art Röcheln. Dann hörte man ein Keuchen, einem Blasebalg ähnlich, wie es zwei miteinander Ringende ausstoßen würden, das wiederum begleitet wurde vom Krachen umgeworfener Möbel.

Nach kurzem Zögern warf sich Jean auf den Öffner. Die Platte drehte sich und zeigte den Gemeinschaftssaal des Gasthofes in seiner ganzen Größe.

Dann zog Jean sich in den Schutz des den Kamin ausfüllenden Schattens und den Rauch einiger Holzscheite zurück, entsetzt von dem Schauspiel, das sich ihm bot.

Neuntes Kapitel

An dem schweren Tisch, der die Mitte des Saales einnahm, saß ein Mann, den ein hinter ihm stehender Mann mit ganzer Kraft würgte. Erster hatte, als er am Hals erfasst worden war, zunächst geschrien, dann geröchelt. Aus der Brust des zweiten stammte das raue Keuchen eines Athleten, der sich müht, seinen Gegner zu besiegen. Beim Kampf war ein Stuhl umgefallen.

Vor dem sitzenden Mann zeugten ein Tintenfass und Briefpapier davon, dass er dabei gewesen war zu schreiben, als sein Feind ihn überrascht hatte. In Reichweite seiner Hand auf dem Tisch befand sich eine halb geöffnete Satteltasche, die voller Papiere war.

Diese Szene dauerte erst ungefähr eine Minute und näherte sich ihrem Ende. Schon hatte der Mann vor dem Schreibtisch aufgehört, sich zu wehren, und man vernahm nur noch den Atem des Mörders. Die Aktion konnte auch nicht andauern, denn der Schrei des Opfers war gehört worden. Draußen regte sich jemand. In einem Zimmer der ersten Etage, die über eine Holzgalerie zu erreichen war, auf die man wiederum über eine im großen Saal beginnende Treppe gelangte, stießen zwei nackte Füße schwer auf den Boden. Jemand war aufgestanden. Noch einen Moment und die Tür würde sich öffnen und ein Zeuge erscheinen.

Der Mörder erkannte die Gefahr. Seine Hände lockerten ihren Griff und wühlten, als der Kopf des Opfers auf den Tisch sank, in den Satteltaschen, aus denen sie Bündel von Banknoten nahmen. Dann sprang der Mann zurück und verschwand durch eine kleine Tür, die sich unter der Treppe befand und in den Keller führte. Eine Sekunde lang erschien sein Gesicht in hellem Licht. Mehr brauchte der völlig verwirrte Jean Morénas nicht, um ihn zu erkennen.

Es war der Mann, der dem unschuldigen Gefangenen aus den Fesseln geholfen, ihm Gold gegeben, ihn beschützt und bis auf wenige Kilometer an Sainte-Marie-des-Maures herangeführt hatte. Umsonst hatte er sich den falschen Bart und die Perücke, mit denen er sein Gesicht zu verändern versuchte, abgenommen. Die Augen, die Stirn, die Nase, der Mund, die Statur waren geblieben und konnten Jean nicht täuschen.

Aber das Fehlen des Bartes und der Perücke ließen etwas anderes, weitaus Überraschenderes deutlich zutage treten. In dem Mann, dem jetzt sein natürliches Äußeres zurückgegeben war, der sich gleichzeitig als sein Retter und als ein Mörder erwiesen hatte, erkannte Jean bestürzt seinen verloren geglaubten Bruder Pierre, den er seit fünfzehn Jahren nicht mehr gesehen hatte.

Aus welchen mysteriösen Gründen waren sein Bruder und sein Retter ein und dieselbe Person? Durch welchen seltsamen Zufall befand sich Pierre Morénas an just diesem Tag in der Herberge von Onkel Sandre? In welcher Absicht war er hier? Warum machte er diesen Ort zum Schauplatz seines Verbrechens?

Diese Fragen gingen Jean heftig durch den Kopf. Die Fakten sprachen ihre eigene Sprache.

Der Mörder war gerade verschwunden, als sich in der ersten Etage eine Tür öffnete.

Auf der Holzgalerie zeigte sich eine junge Frau, an die sich zwei Kinder in Schlafkleidung schmiegten und die ein drittes ganz kleines Kind in ihren Armen hielt. Jean erkannte Marguerite wieder. Marguerite mit ihren Kindern. Ganz offensichtlich ihren Kindern. Sie hatte also den Unschuldigen vergessen, der weit weg von ihr im Zuchthaus dahinsiechte. Der Unglückliche begriff sofort, wie eitel er in seiner Hoffnung gewesen war.

»Pierre, mein Pierre«, rief die junge Frau mit einer vor Furcht zitternden Stimme.

Plötzlich sah sie den am Tisch zusammengesunkenen Körper. Sie murmelte: »Oh, mein Gott.« Und kam mit ihrem Kind im Arm schnell die Treppe herab, während die beiden anderen ihr weinend folgten.

Sie rannte zu dem erwürgten Mann, hob seinen Kopf und stieß einen Seufzer der Erleichterung aus. Sie verstand nicht, was geschehen war, aber alles schien ihr besser als das, was sie befürchtet hatte. Der Tote war nicht ihr Mann.

Im selben Moment klopfte es an der Außentür und es erklangen mehrere Stimmen. Nicht wissend warum, aber voller Angst, wich sie, wie ein Tier, wenn es Gefahr wittert, in seinen sicheren Bau, zur Treppe zurück und blieb auf der ersten Stufe stehen. Ihre Kinder klammerten sich an ihren Rocksaum, das kleine lag weiterhin in ihren Armen.

Von ihrem Platz aus konnte sie die Tür, die in den Keller führte, nicht sehen. Sie sah also auch nicht, dass sich diese Tür einen Spalt öffnete und das Gesicht von Pierre Morénas freigab, das vor Angst entstellt war. Jean dagegen bot sich das Bild in seiner Gesamtheit: der tote Mann, Marguerite und ihre Kinder, Pierre, sein Bruder – ein Mörder – auf der Lauer, dem die Strafe für sein Verbrechen bedrohlich näher kam. In seinem Kopf wirbelte es. Jetzt verstand er.

Die Anwesenheit Pierres, seine Untat von heute, die unvollständige Anschuldigung seines Onkels Sandre erhellten die Vergangenheit. Der Mörder von heute war der Mörder von damals. Der Unschuldige hatte also für seinen schuldigen Bruder gebüßt. Dann, nachdem sich die Wogen geglättet hatten, war Pierre zurückgekommen, hatte die Liebe Marguerites erobert und zum zweiten Mal das Glück des Elenden zerstört, der unter dem harten Joch der Zuchthauswärter verzweifelte.

Nun aber. Es musste ein Ende haben! Jean musste nur ein Wort sagen, um das Schicksal, diese infame Richtstatt, umzukehren und sich ein für alle Mal für die erlittenen Torturen zu rächen. Ein Wort? … Nicht einmal. Er musste nur schweigen, in aller Stille, wie er erschienen war, verschwinden. Der Mörder konnte nicht entkommen. Er saß in der Falle. Bald würde auch er das Zuchthaus kennenlernen.

Und dann?

Jean hörte dieses Wort, als ob ein ironischer Gegenspieler es ihm ins Ohr gesagt hätte. Ja wirklich, was dann? Was geschähe, wenn Jean und Pierre alle beide die Sträflingskleider anziehen müssten? Würde ihm das sein verlorenes Glück wiederbringen? Ach! Und würde ihn Marguerite dafür endlich lieben, und würde sie diesen Mann, der im Moment unter der fürchterlichsten Angst litt, weniger lieben? Denn sie liebte ihn, sie liebte ihn abgöttisch, diese arme Frau. Ihre Stimme hatte es verraten, als sie Pierre rief. Es war noch jetzt ihrer Körpersprache zu entnehmen, aufrecht stehend, ihre Kinder an sich drückend, die Treppe mit ihrem Körper versperrend, als ob sie den Zugang zur Wohnung gegen eine unbekannte, aber spürbare Gefahr verteidigen wollte.

Wozu sollte Rache nun noch gut sein? … Brächte sie ihm ein unmögliches Glück? Würde sie ihn von der Verzweiflung erretten, wenn er seinerseits Marguerite hineinstürzte? Wäre es nicht besser, Folgendes zu tun: der, die er liebte, die Illusion ihres glücklichen Lebens lassen und den Schmerz, ach, allen Schmerz, an den er sich schon so lange gewöhnt hatte, für sich zu behalten? Wozu konnte sein trauriges Schicksal besser dienen? Er war ein Nichts und würde nie wieder etwas sein. Der Weg vor ihm war verschlossen und nichts blieb mehr zu hoffen.

Konnte sein hoffnungsloses Dasein einen besseren Sinn besitzen, als es für das Heil eines anderen Wesens zu geben, eines Wesens, dem sein Herz, dem sein Leben gehörten, dessen Glück sein Glück wäre?

Währenddessen drängte man von draußen unerbittlich herein. Die schwere Tür öffnete sich. Vier oder fünf Männer traten ein, rannten zum Opfer, dessen Gesicht sie anhoben.

»Guter Gott«, rief einer von ihnen, »das ist Monsieur Cliquet!«

»Der Notar!«, schrie ein anderer.

Sie drängten sich um den Tisch, auf dem das Opfer ausgestreckt lag. Seine Brust weitete sich plötzlich und ein tiefer Seufzer entrang sich seinen Lippen.

»Schurke!«, rief sie.

»Gott bewahre«, rief ein Bauer, »er ist nicht tot!«

Man besprengte das Gesicht des Notars mit kaltem Wasser. Fast sofort öffnete dieser die Augen. Jean seufzte tief. Der Mord war nicht gelungen.

Da das Opfer überlebt hatte, bedeutete das nur das Zuchthaus für den Mörder. Er hätte das Schafott vorgezogen.

»Wer hat Sie so zugerichtet, Monsieur Cliquet?«, fragte ein Bauer.

Der Notar, der unter Schmerzen atmete, tat durch eine

Geste kund, er wisse es nicht. Er hatte seinen Angreifer nicht gesehen.

»Lasst uns suchen!«, schlug jemand vor.

In Wahrheit würden sie nicht lange suchen müssen. Der Schuldige war nicht weit und außerdem würde er dumm genug sein, sich selbst auszuliefern.

Pierre hatte, um die erste Verwirrung zu nutzen und das Weite suchen zu können, die ihn verbergende Tür weiter geöffnet. Schon hatte er den Fuß auf die Fliesen des Saals gesetzt, bereit, Anlauf zu nehmen. Zweifellos wäre er beim Entweichen geschnappt worden. Und selbst wenn er es geschafft hätte, wäre er einer anderen Gefahr nicht entgangen. Notwendigerweise hätte er an Marguerite, die ihren Platz nicht verlassen hatte und wie versteinert stand, vorbeilaufen müssen. Sie hätte verstanden.

Den Schuldigen zu retten, nützte wenig, wenn nicht das Glück Marguerites gleichzeitig zu retten war. Dafür müsste sie den, dem sie sich angetraut hatte, weiter lieben können. Sie durfte es nicht wissen, sie durfte es niemals wissen. … Wer weiß, vielleicht war es zu spät, vielleicht meldete sich hinter dieser Stirn, die ein geheimer Schrecken erbleichen ließ, der erste Verdacht.

Jean trat aus dem Schutz des Kaminschattens hervor ins Licht des Saals. Alle erkannten ihn sofort: Pierre und Marguerite, die ihn mit weit aufgerissenen Augen ansahen, und die fünf Bauern, deren Gesichter sowohl Sympathie der Vergangenheit wegen als auch unbezwingbare Abscheu vor diesem Verbrechen widerspiegelten.

»Sucht nicht«, sagte Jean, »ich habe das Verbrechen begangen!«

Niemand sagte etwas. Nicht, dass man es nicht geglaubt hätte. Das Geständnis war plausibel. Im Gegenteil, wer einmal tötete, tötete wieder. Aber es traf sie so unerwartet, dass die Überraschung den Leuten den Atem nahm.

Allerdings hatte sich die Szene nun in ihren Details geändert. Pierre trat aus der Tür, und ohne dass jemand auf ihn achtete, ging er zu Marguerite, die seine Anwesenheit nicht zu spüren schien. Sie hatte sich aufgerichtet, ihr Gesicht leuchtete in Glück und Hass. Glück darüber, dass ihr schrecklicher Verdacht zerstreut war, und Hass für den, dessen eingestandenes Verbrechen verantwortlich für ihre grausamen Gedanken gewesen war.

Jean schaute nur zu Marguerite. Die junge Frau rang die Fäuste gegen ihn und schrie:

»Schurke!«

Ohne zu antworten, drehte Jean den Kopf und reichte seine Arme den groben Griffen, die sich um sie schlossen. Man führte ihn ab. Die weit geöffnete Tür zeigte ein schwarzes Rechteck als Ausschnitt, das Jean voller Leidenschaft betrachtete. Auf diesem dunklen Hintergrund zeichnete sich ein grausames und liebliches Bild zugleich in präzisen Zügen ab. Unter einem strahlend blauen Himmel lag ein Kai, von der heißen Sonne beschienen … Und auf diesem Kai zogen Männer mit schweren Fußeisen ihre Bahnen. Aber unter ihnen strahlte ein entzückendes Bildnis, das Bildnis einer jungen Frau, die ein kleines Kind im Arm hielt.

Die Augen auf dieses Bild gerichtet, verschwand Jean in der Nacht.

Die Geschichte von Pierre-Jean

Dass Texte eines international bekannten Autors erst postum erscheinen, ist sicher nicht selten; dass aber beinahe neunzig Jahre vergehen, bevor dies geschieht, kommt dagegen nicht so häufig vor. Dieses Schicksal traf die vorliegende Erzählung *Pierre-Jean*, deren Handlung man allerdings schon seit 1910 kannte, als die Geschichte unter dem Titel *La Destinée de Jean Morénas (Das Schicksal des Jean Morénas)* in dem von Michel Verne, dem Sohn von Jules Verne, herausgegebenen Nachlassband *Hier et demain* (Gestern und Morgen) veröffentlicht wurde. In dieser zuletzt genannten Fassung wurde die Erzählung 2011 dann auch zum ersten Mal von der Edition Dornbrunnen in dem kleinen Sammelband *Der Humbug* in deutscher Sprache vorgelegt. Es lag also nahe, dass der Verlag sich nach dem Ablauf der 25jährigen Schutzfrist auch der Urfassung des Textes annahm. Dieser erschien erstmals 1991 zusammen mit anderen Erzählungen in einer Kleinstauflage[1] in Frankreich und danach 1993 noch einmal im regulären Buchhandel[2].

Doch wieso, wird man sich vielleicht fragen, muss die Geschichte noch einmal veröffentlicht werden? Sie ist doch schon bekannt! Den Grund dafür liefert ein direkter Vergleich, denn auch wenn die Basis der Geschichte nahezu identisch ist, kommt es im weiteren Verlauf der Handlung doch zu grundlegenden Abweichungen, die den Charakter des Textes entscheidend verändern. Dazu dann später mehr.

Wir wollen erst einmal auf die naheliegende Frage eingehen, wie es eigentlich dazu kommt, dass ein Werk nicht mehr

---

[1] Jules Verne: *Manuscrits nantais*, volume 3: Romans inachevés et nouvelles, Nantes, 1991.

[2] Jules Verne: *San Carlos et autres récits inédits*. Paris: le cherche midi éditeur, 1993.

zu Lebzeiten eines Autors veröffentlicht wird. Dafür kann es verschiedene Gründe geben. Entweder ist ein Text erst kurz vor dem Tod des Verfassers entstanden, sodass er ihn nicht mehr publizieren konnte, oder der Autor war, nachdem er ihn fertiggestellt hatte, mit dem Ergebnis nicht so zufrieden, dass er ihn auch veröffentlicht sehen wollte, oder alle angeschriebenen Verlage haben ihn, warum auch immer, abgelehnt.

Welcher Grund es bei der Erzählung *Pierre-Jean* letztendlich war, ist unbekannt, sodass man nur mutmaßen kann und es wohl der Fantasie jedes Einzelnen überlassen bleibt, weshalb die Geschichte nicht schon kurz nach ihrer Niederschrift veröffentlicht wurde.

Es wird ganz allgemein vermutet, dass es sich um einen sehr frühen Prosatext von Jules Verne handelt, der gegen 1851/52 entstanden sein könnte, also in etwa zur gleichen Zeit wie die Erzählung *L'Amérique du Sud.* Études *historiques. Les premiers navires de la marine mexicaine (Ein Drama in Mexiko)*, dem ersten veröffentlichten Prosawerk des Autors, das im Juli 1851 in der Unterhaltungszeitschrift *Musée des familles* abgedruckt wurde.

Jaques Davy, der die kurze editorische Einleitung für die 1993 veröffentlichte Buchausgabe schrieb, datiert die Erzählung mit großer Wahrscheinlichkeit direkt auf das Jahr 1852 und führt dafür eine Reihe von durchaus nachvollziehbaren Indizien an, die eine zeitnahe Entstehung von *Pierre-Jean* zumindest möglich erscheinen lassen.[1] Da wäre zum einen der Name des Schiffes *Cérès* das den Titelhelden nach Amerika und in die endgültige Freiheit bringt. Den gleichen Namen benutzte Jules Verne auch für ein Schiff, in dem die Figur eines Herrn Dubourg in dem von ihm verfassten Bühnenstück *Les Châteaux en Californie* aus Amerika zurückkehrt. Der Text dieses Stückes wurde im Juni 1852 ebenfalls in *Musée des familles* veröffentlicht. Das zweite Indiz ist eine Zahlenspielerei um die Häftlingsnummer Pi-

[1] Vgl. Jaques Davy: *Notice*. In: Jules Verne: *San Carlos et autres récits inédits*. Paris: le cherche midi éditeur, 1993, S. 10.

erre-Jeans, die 2224. Diese entspricht genau dem Alter von Jules Verne (24) und seinem jüngeren Bruder Paul (22) zum Zeitpunkt der vermuteten Niederschrift der Erzählung, wobei er das Alter seines Bruders an die erste Stelle rückte.

Indes, es sind nur Indizien, die durchaus auch ein Zufall sein könnten. Trotzdem hat man es wohl mit einem relativ frühen Text zu tun, der damals, als Werk eines noch jungen, mehr oder weniger unbekannten Autors, zurückgewiesen worden sein könnte.

Jules Verne bewahrte das Manuskript allerdings auf, sodass es später, nach seinem Tod, in die Hände seines Sohns Michel gelangte, der sich um die Herausgabe der hinterlassenen Werke kümmerte und durch seine Eingriffe nicht selten den Charakter der Texte änderte. Nach ihrem Bekanntwerden sorgten diese Bearbeitungen für einiges Aufsehen. Gelegentlich wurde Michel eine radikale Verfälschung der hinterlassenen Schriften seines Vaters vorgeworfen, und so mancher Kritiker mutmaßte, dass er dies aus Rache tat, weil er sich lange Zeit nicht so gut mit seinem Vater verstanden hatte. Ob dem tatsächlich so war, soll hier nicht Gegenstand der Betrachtung sein, denn Michels Änderungen dürften durchaus auch im Sinne des Verlegers gewesen sein, da die späten Werke seines Vaters immer zäher wurden, zahlreiche Längen aufwiesen und wenig aktionsbetonte Handlungen boten.

Von diesen Bearbeitungen war auch *Pierre-Jean* betroffen, wobei die Änderungen erheblich sind – was uns wieder an den Ausgangspunkt unserer Betrachtung zurückbringt.

Jules Verne erzählt die Geschichte eines jungen Burschen, der für eine Verfehlung in ein Straflager geschickt wird, sich nach der Verbüßung seiner Strafe auf den Heimweg macht und unterwegs bei einer alten Frau einkehrt. Diese ist hoch verschuldet und ihr Sohn reist als Seemann um die Welt, um reich zu werden. Die alte Frau allerdings braucht dringend fünfzig Francs, damit sie ihr Haus behalten kann. Da dies genau der Summe entspricht, die Pierre-Jean sich in seiner Haftzeit erarbeitet hat, gibt er ihr dieses Geld aus Mitleid. Erst später wird ihm bewusst, dass er nun ja selbst mittellos ist und nicht mehr weiß, wovon er leben und womit er seine Mutter unterstützen soll. In einer Kurzschlussreaktion überfällt er den Gerichtsvollzieher, der das Geld inzwischen von der alten Frau bekommen hat, und nimmt ihm die Summe wieder ab. Dafür wird Pierre-Jean erneut festgenommen und als Wiederholungstäter abermals ins Gefängnis geschickt, aus dem ihn später Herr Bernardon, der Sohn der alten Frau, der er aus der Not geholfen hatte, befreit. Die spektakuläre Flucht gelingt und Pierre-Jean kann nach Amerika auswandern, um dort ein neues Leben zu beginnen.

Das Ganze ist eine zwar durchaus lesenswerte, im Grunde genommen aber auch wenig spektakuläre Geschichte, die heute vor allem durch den Namen ihres Verfassers interessant wird. Dies war zum angenommenen Zeitpunkt der Niederschrift allerdings noch nicht so, und so sah es anscheinend auch Louis-Jules Hetzel, der Sohn von Pierre-Jules Hetzel, der dessen Verlag übernommen hatte und Michel um die Überarbeitung des Textes bat. Und in der Tat hat Michel aus einer eher simplen Geschichte einen spannenden und durchaus spektakulären Kriminalfall voller Überraschungen gemacht. Jaques Davy schildert in seinem Vorwort, dass Hetzel in seinen Kommentaren auf eine Abschwächung der sozialkritischen Ausrichtung von Jules Vernes Text drängte – insbesondere war ihm seine Anteilnahme am Schicksal der Verurteilten und seine Kritik am Strafvollzug ein Dorn im Auge[1]. Während dem heutigen Leser dieser Aspekt in Jules Vernes Schaffen überraschend modern erscheinen mag, sollte nicht vergessen werden, dass die in *Pierre-Jean* getroffenen Aussagen über den angeblich »geborenen«, also durch eine »Neigung« zum Verbrechen gezwungenen Straftäter einem damals durchaus gängigen Weltbild entsprachen.[2] Cesare Lombrosos aufsehenerregende, den gleichen Gedanken verfolgende These *Der Verbrecher in anthropologischer, ärztlicher und*

---

[1] Vgl. Jaques Davy: *Notice*. In: Jules Verne: *San Carlos et autres récits inédits*. Paris: le cherche midi éditeur, 1993, S. 10.

[2] Vgl. Volker Dehs: *Jules Verne. Eine kritische Biografie*. Düsseldorf und Zürich: Artemis & Winkler, 2005, S. 81.

juristischer Beziehung kannte Jules Verne zum Zeitpunkt der Niederschrift des *Pierre-Jean* jedoch noch nicht, denn Lombrosos Buch erschien erst 1887. Vernes Ansichten zur Bedeutung des sozialen Umfeldes von Straftätern (er nennt in diesem Zusammenhang einerseits den positiven Einfluss einer »günstigen Erziehung« und andererseits den negativen Einfluss durch eine »infektionsartige« Ausbreitung des Verbrechens) sind jedoch auch im 21. Jahrhundert nicht von der Hand zu weisen.

Als Ausgangsbasis für seine Fassung übernahm Michel weitestgehend das Original seines Vaters, fügte allerdings schon im ersten Teil der Geschichte ein zusätzliches Kapitel ein, aus dem hervorgeht, dass Pierre-Jean, in der Fassung von Michel nun Jean Morénas, unschuldig in Haft sitzt, für einen Mord, den er nicht begangen hat. Der wahre Schuldige ist dessen Bruder Pierre, der sich allerdings abgesetzt hat. Und da nun alle Indizien für Jean als den Mörder sprechen, wird dieser auch festgenommen und verurteilt. Die sich nun anschließende Flucht aus dem Gefangenenlager bei Toulon ist wieder weitgehend mit der Fassung von Jules Verne identisch, ändert sich aber an der Stelle, an der sich der Titelheld bereits in Freiheit befindet. Während Herr Bernardon im Originaltext Pierre-Jean noch zu seiner Mutter führt, der er einst mit seiner milden Gabe geholfen hatte, sich dem Flüchtling offenbart und diesen dann einem Schiff in die Neue Welt anvertraut, erhält Jean Morénas bei Michel Verne die Weisung, sich nach Marseille zu begeben und dort ein bestimmtes Schiff zu besteigen. Doch im Gegensatz zu Pierre-Jean ändert Jean Morénas seine Meinung. Er will noch einmal seinen Heimatort und seine Jugendliebe Marguerite sehen. Insgeheim hofft er, sie von seiner Unschuld überzeugen zu können und dann mit ihr das Land zu verlassen. So erreicht er das Haus seiner Jugend, zu dem er einen geheimen Zugang entdeckt. Er schleicht sich hinein und muss feststellen, dass Herr Bernardon niemand anderes als sein verschollen geglaubter Bruder Pierre ist, der Marguerite inzwischen geheiratet hat. Außerdem wird er Zeuge, wie sein Bruder erneut einen Mordanschlag verübt und kurz vor der Verhaftung steht. Aus Liebe zu Marguerite, damit sie ihren Ehemann nicht verliert, fasst Jean Morénas einen schwerwiegenden Entschluss; er stellt sich und gibt an, dass er es war, der den Mordanschlag verübt hat. Er wird daraufhin erneut festgenommen und abgeführt. Ihm drohen viele weitere Jahre im Straflager.

Man sieht bereits an dieser kurzen Beschreibung, dass es Michel mit seiner Bearbeitung der Geschichte gelungen ist, diese sehr viel dramatischer zu gestalten und noch mehr Spannung in das Geschehen zu packen. Dafür standen ihm mit dem Romanwerk seines Vaters zahlreiche Quellen zur Verfügung. Während Pierre-Jean in Jules Vernes Originaltext zwar *schuldig* ist (dafür jedoch eine unverhältnismäßig hohe Strafe verbüßen muss), greift Michels Fassung auf das im Abenteuerroman gern verwendete Motiv des *unschuldig* Verurteilten zurück, das nicht nur in Alexandre Dumas' *Graf von Monte Christo* (1844-1846), sondern auch in Jules Vernes Hommage *Mathias Sandorf* (1885), in *Die Gebrüder Kip* (1902) oder in *Ein Drama in Livland* (1904) eine zentrale Rolle spielt. Die Idee, den einen Bruder anstelle des anderen die volle Härte des Gesetzes spüren zu lassen, hatte Jules Verne dagegen in seinen Romanen *Nord gegen Süd* (1887) und *Die Familie ohne Namen* (1889) eindrucksvoll in Szene gesetzt. Überhaupt spielten Justizirrtümer, Auseinandersetzungen mit dem Gesetz und sozialpolitische Fragen ab den 1880er Jahren eine verstärkte Rolle in Jules Vernes Schaffen, wovon neben den genannten Büchern auch die Romane *Die Jangada* (1881), *Der Archipel in Flammen* (1884) und *Der Weg nach Frankreich* (1887) Zeugnis ablegen. Als sich der Autor mit dem Schicksal der Brüder Karl und Pieter Kip schließlich wenige Jahre vor seinem Tod noch einmal dem Thema menschenunwürdiger Haftbedingungen widmete, wurde deutlich, dass ihn der viele Jahre zuvor in *Pierre-Jean* gepflanzte Keim zeitlebens nie mehr losgelassen hat.[1]

Wie man sieht, konnte Michel Verne also aus dem reichhal-

[1] Vgl. Jaques Davy: *Notice*. In: Jules Verne: *San Carlos et autres récits inédits*. Paris: le cherche midi éditeur, 1993, S. 11.

tigen Fundus seines Vaters schöpfen, als er sich an die Bearbeitung der Geschichte machte. Ob er sie damit verbessert hat, muss allerdings jeder Leser für sich selbst entscheiden. Dies ist mit dem vorliegenden Band, der die Urfassung des Textes präsentiert, nun endlich auch in deutscher Sprache möglich.

Der Herausgeber in Zusammenarbeit mit Meiko Richert

Im gleichen Verlag in der Buchreihe:

Taschenschmöker aus Vergangenheit und Gegenwart

In der Reihe Taschenschmöker aus Vergangenheit und Gegenwart erscheinen Werke der klassischen Unterhaltungsliteratur, die seit vielen Jahrzehnten nicht mehr oder noch niemals in deutscher Sprache verlegt worden sind.

1. *Jules Verne/Michel Verne*
Der Humbug
Vier Erzählungen

2. *Alexandre Dumas*
Eine Amazone
Zwei Novellen

3. *Gustave Aimard*
Eine mexikanische Rache
Eine Erzählung aus dem wilden Mexiko

4. *Jules Verne*
Der Weg nach Frankreich
Historischer Roman

5. *Friedrich J. Pajeken*
In Sturm und Not
Eine Erzählung aus dem Wilden Westen

6. *Jules Verne*
Der Graf von Chanteleine
Eine Episode aus der Revolutionszeit

7. *Anthologie*
Ein Drama in den Lüften
Erzählungen aus luftigen Höhen

8. *Alexandre Dumas*
El Salteador
Ein Roman aus der Zeit Karls V.

9. *Emilio Salgari*
In der Eiswüste
Erzählungen aus arktischen Regionen

10. *Sir John Retcliffe*
Das tote Haus
Eine Novelle aus Düsseldorfs Vorzeit

11. *Gustave Aimard*
Der Löwe der Wildnis
Zwei Erzähl. aus dem wilden Mexiko

12. *Sir John Retcliffe*
Der letzte Wäringer
Novelle a. d. letzten Tagen Konstantinopels

13. *Emilio Salgari*
Die Rose vom Dong-Giang
Eine abenteuerliche Novelle aus Cochinchina

14. *François-Édouard Raynal*
Die Schiffbrüchigen
Zwanzig Monate auf den Aucklandinseln

15. *Alexandre Dumas*
Die Taube
Ein Briefroman

16. *Edgar Wallace*
Der Geist von Down Hill
Zwei Kriminalkurzromane

17. *Sir John Retcliffe*
Nach Cayenne!
Eine historisch-politische Novelle

18. *Philip Francis Nowlan*
Armageddon 2419
Eine Science-Fiction-Erzählung

19. *Jules Verne*
Ein Lotterielos
Eine norwegische Geschichte

20. *Max Eschner*
An der Pazifikbahn
Eine Erzählung aus dem Wilden Westen

21. *Alexandre Dumas*
Ein Maskenball
Vier Novellen

22. *Max Eschner*
Das Zaubergewehr
Zwei Erzählungen aus dem Wilden Westen

23. *Henry Rider Haggard*
Smith und die Pharaonen
Zwei fantastische Erzählungen

24. *Anthologie*
In Eis und Schnee
Eisige Erzählungen

25. *Emilio Salgari*
Der Schatz des Präsidenten
Eine Erzählung aus der argentinischen Pampa

26. *Jules Verne/Michel Verne*
Die Welt der Messieurs Verne
Biografische und wissenschaftliche Plaudereien

27. *André Laurie/Jules Verne*
Der Findling von der Cynthia
Ein Roman

28. *Jules Verne*
San Carlos
Zwei Schmugglergeschichten

29. *Anthologie*
Nachrichten vom Mars
Eine Anthologie von Mars-Geschichten

30. *Anthologie*
Im Glanz des Mondes
Eine Anthologie von lunaren Geschichten

31. *Jules Verne*
Die Eroberung Roms
Eine historische Erzählung

32. *Alexandre Dumas*
Pauline
Ein Roman

– Weitere Bände in Vorbereitung –

Im gleichen Verlag in der Buchreihe

Kleine Dornbrunnen Bibliothek

sind erschienen oder in Vorbereitung:

In der Reihe Kleine Dornbrunnen Bibliothek erscheinen Werke der klassischen Unterhaltungsliteratur, die seit vielen Jahrzehnten nicht mehr oder noch niemals in deutscher Sprache verlegt worden sind.

1. *Jules Verne*
Pierre-Jean
Eine Erzählung

2. *Alexandre Dumas*
Der Pfarrer Chambard
Eine Kriminalgeschichte

3. *Hippolyt Tauschinsky*
Neues vom Doktor Ox
Drei elektrische Geschichten

4. *Emilio Salgari*
Die Wilden von Papua
Zwei Seemannserzählungen

5. *Sir John Retcliffe* (H. Goedsche)
Maria, der Ägypterin Liebes- und Bussfahrten
Eine Novelle und zwei Gedichte

6. *Karl May*
Nach Sibirien
Eine Kriminalgeschichte

7. *Edgar Wallace*
Auf der Strasse nach Witney
Zwei weihnachtliche Kriminalgeschichten

8. *Paul Grabein*
Der Vampir
Eine Erinnerung

9. *Alexandre Dumas* (Sohn)
Der Gehenkte von la Piroche
Eine sonderbare Geschichte

10. *Hermann Meynert*
Der Vampir und die Mumie
Eine Erinnerung

– Weitere Bände in Vorbereitung –